杨珊 著

学校心理支持

Xuexiao

Xinli

Zhichi

华东师范大学出版社

·上海·

图书在版编目(CIP)数据

学校心理支持/杨珊著.—上海:华东师范大学出版社,2020
ISBN 978-7-5760-0719-0

Ⅰ.①学… Ⅱ.①杨… Ⅲ.①教育心理学-心理咨询-研究 Ⅳ.①G448

中国版本图书馆 CIP 数据核字(2020)第 156965 号

学校心理支持

著　　者　杨　珊
责任编辑　孙　娟
特约审读　严　婧
责任校对　吕安轩　时东明
装帧设计　高　山

出版发行　华东师范大学出版社
社　　址　上海市中山北路 3663 号　邮编 200062
网　　址　www.ecnupress.com.cn
电　　话　021-60821666　行政传真 021-62572105
客服电话　021-62865537　门市(邮购)电话 021-62869887
地　　址　上海市中山北路 3663 号华东师范大学校内先锋路口
网　　店　http://hdsdcbs.tmall.com

印刷者　上海展强印刷有限公司
开　　本　787×1092　16 开
印　　张　12.5
字　　数　205 千字
版　　次　2020 年 10 月第 1 版
印　　次　2021 年 8 月第 2 次
书　　号　ISBN 978-7-5760-0719-0
定　　价　38.00 元

出版人　王　焰

(如发现本版图书有印订质量问题,请寄回本社客服中心调换或电话 021-62865537 联系)

目　录

序 / 1

第一章　概述 / 1

第一节　涵义与结构 / 2

第二节　价值与意义 / 4

第三节　沿革与发展 / 9

第二章　心理支持的理论基础 / 12

第一节　社会支持理论 / 12

第二节　支持性心理治疗 / 26

第三节　心理支持技术 / 29

第三章　个体支持实务 / 36

第一节　个别面询 / 36

第二节　信件咨询 / 46

第三节　在线咨询 / 51

第四章　团体支持实务 / 54

第一节　心理辅导课程 / 54

第二节　心理社团活动 / 72

第三节　团体心理辅导 / 110

第五章　组织支持实务 / 122

第一节　学校心理健康教育活动月 / 122

第二节　班级心理辅导 / 136

第三节　学校心理育人 / 155

第六章　合作支持实务 / 161

第一节　合作支持的主要内容 / 161

第二节　家庭教育指导 / 167

第三节　结构家庭治疗 / 171

第七章　危机与灾难中的心理支持 / 179

第一节　危机干预中的心理支持 / 179

第二节　灾难辅导中的心理支持 / 183

第三节　心理支持中的咨询伦理 / 189

序

　　中小学是学生身心健康成长的重要时期，也是学生发展核心素养培育的关键阶段。心理健康教育是中小学实施素质教育，加强和改进德育工作的重要内容。注重人文关怀和心理疏导，坚持育心与育德相结合是中小学心理健康教育的基本价值取向。中小学心理健康教育是发展性心理健康教育，既要立足教育、注重发展，也要重视预防、科学干预。发展是教育性的，挖掘潜能、健全人格、培育品质是根本任务；预防是防御性的，避免伤害、问题预警、积极防治是具体内容；干预是补救性的，危机处置、心理援助、哀伤辅导是工作重点。发展、预防和干预是有所不同的，这一点已经成为学者们的共识。然而，心理健康教育作为一个整体，指向发展、预防和干预的理论、技术和伦理也有一些共性的地方，这个领域却鲜有研究。在我们看来，心理支持就是心理健康教育坚持发展、预防和干预相结合的一个基本的共性领域。

　　心理支持是一个耳熟能详的词，广泛运用于社会学、心理学、医学等众多领域；它也是一个专业词汇，仅心理学而言就有心理支持、支持性心理疗法、社会支持系统等。《上海教育现代化 2035》提出，"建立学生及家庭心理健康社会支持体系"，"为各种学习上有困难的学生努力提供个性化、可选择、扶助性的教育和学习支持"。我们在政策分析、理论思考与实践研究的基础上，认为心理支持是一种重要的正向力量，是一种以语言暗示、认知疏导、情感劝慰、行为指导、精神鼓励乃至具体保证等为支撑手段，调动个体外部和内部的正向力量，以增强个体的心理防御能力，从而恢复对环境的适应与心理平衡。

　　作为上海市教委第四期"双名工程"高峰计划王洪明工作室主持人，本人有幸在付梓之前就通读了全书稿。读过之后，有几点感受与大家分享：一是心理支持看似是外部环境给人以支持，其实是个体长期形成的内部积极力量，这种力量既需要外部提供，也是可以先期培养的，它是自我支持与环境支持的整合。二是当压力、灾难、危机来临时，心理支持就是用以抵抗压力的重要支撑力量，这种力量甚至可以由身边人（包括非心理专业人士）提供，例如父母、朋友、老师、班主任等。在今年突发新型冠状病毒感染的肺炎疫情情况下，心理支持彰显了它的独特价值与魅力。三是读者对于心理支持研究可能会有不同的诉求：对学生而言，需要具有维护自身与他人心理健康的意识与方法；对家长而言，需要建设促进孩子成长的良好环境与亲子关系；对心理教师而言，需要掌握系统的心理支持理论与技术;对学科老师特别是班主任而言,需要学会心理支持的实操技术与实践应用。作者为了更好地满足不同人群的需要,在该书中有系统的理论分析,在我看来其中就有一些创新的观点,如对三种(社会支持理论、支持性心理治疗、心理支持技术)和四类(个体、团体、组织、合作)心理支持的区分;还有教学课例、活动方案、实践案例的支撑,可供学校领导、心理教师、班主任、家长阅读。

作者是上海市心理特级教师,有30多年的心理学教学和学校心理咨询经历,对学校心理支持有长期思考与实践。她是上海市教委第四期"双名工程"高峰计划王洪明工作室成员,负责工作室该项目的设计与实施。在工作室成立之初,她通过查阅文献发现学校心理支持理论与实务的书籍较少,于是就对多年来自身的有关研究进行系统梳理与理论建构。该书主要包括:概述心理支持的涵义与结构、价值与意义、沿革与发展等;分析社会支持理论、支持性心理治疗、心理支持技术的理论基础;梳理个体、团体、学校组织、家校社合作等工作实务;探讨危机与灾难中心理支持的独特价值与有关问题。得益于工作室参与的上海市教委公办初中"强校工程"实验校项目,上海市松江区小昆山学校宗利娟老师和东华大学附属松江实验学校李雪梅老师相继加入工作室,并提供各自有关的研究成果。在书稿完成之初,还得到工作室特聘专家的精心指导以及工作室全体成员的支持帮助。该著得以出版,感谢上海市教委第四期"双名工程"高峰计划王洪明工作室的项目经费资助,感谢上海市松江区教育局、上海市松江区教育学院、上海市松江二中的关心支持,感谢华东师范大学出版社教育心理分社社长彭呈军的策划和孙娟的精心编辑。

当今世界正经历百年未有之大变局。在一个变革的时代,不确定性特征凸显,心理支持会变得越来越重要。作为工作室的成果之一,我们期待得到您的批评指正,也希望有更多的专家学者关注这个领域,助中小学生的心灵成长一双"隐形的翅膀"。

上海市松江区教育学院正高级教师、特级教师　王洪明

2020. 6. 8

第一章 概述

有位学生告诉我,她与家人的关系处理不好,冲突较严重,其实她自己也认识到了她对家庭成员存在一些偏见,问我接下来该怎么办。作为学校心理咨询师,我知道我不能直接把知识灌输给她,因为这不是思想工作,也不是课堂答疑;也不能建议她去找精神科医生,毕竟没那么严重。如果学生愿意,我想我可以给她做个心理咨询,共同商量咨询目标,约定咨询过程、咨询时间、使用技术等。当我把想法告诉来访者时,她说:"老师,我有这么严重吗?还需要花费连续几周时间都来听你的建议吗?"我本想可以给她做个家庭心理咨询,瞬间感觉这些都派不上用处了。经验告诉我,她遇到了一些困扰,但不想接受系统的短、长程的心理咨询,只需要一些心理支持就够了,于是我在她所在的学生心理社团开展了一次以反映家庭冲突为主题的心理剧活动。在心理剧活动中,经过暖身环节后,由指导教师大体勾画剧情,让有相似问题的同学扮演主角,通过演出和分享,鼓励每个社团成员发现自己跟主角的异同,引导社团成员去宣泄自己的情绪并反省、感悟,提高调控情绪的能力。后来,该同学写道:"看了心理剧《母与子》,感到里面的儿子就有自己的影子,发愁的日子因年龄的增长、年级的上升、作业的增加、压力的增大而增多,压得我头也不能抬,怕就因为这一分一秒完成不了作业;气也不能喘,恐时间不够,完成不了那些永远使我烦恼的作业。面对着一张张的考卷,面对着父母的唠叨,我真不知道是该奋起直追,还是永远与考卷、家长'为敌',唱反调。剧里的儿子的言行,犹如镜子,我觉得自己也有做得不好的地方,如总是要求妈妈理解自己,但对妈妈的尊重、理解远远不够。成长是要付出代价的,就像蝴蝶破茧而出,痛并快乐着。"该来访者通过参与心理剧过程,学习以新方式来应对问题,并能将这些经验应用到生活中,同时对爱、责任、感恩都有了更深刻的理解。

心理剧是一种心理治疗的理论与技术,更是帮助学生应对压力、培养积极情感的一种心理支持方式。与心理剧一样,心理沙龙、心理课题、心理广播、心理信箱、心理讲座、心理活动月甚至心理辅导课等都是学校对学生心理健康成长的有效心理支持。

第一节　涵义与结构

一、概念界定

心理支持是一个较常用的通俗用语,广泛运用于文学、社会学、心理学、医学等众多领域。有学者提出:"心理支持是指帮助个体提高应付事件的能力,能够减轻压力对个体的影响。"①然而,什么是心理支持,专家们对此却并没有达成一致意见。就心理学而言,较多使用的是社会支持,但对社会支持较普遍的看法是,社会支持包括客观支持、主观支持和支持利用度。本研究认为,虽然行为主义心理学反对把心理局限于主体之内,主张将客观行为作为心理学的对象,但客观支持不能算严格意义上的心理支持,因为心理是人脑对客观现实的主观反映。心理支持虽没有一个大家一致认可的概念,但它像众多心理学概念一样,可以从前人的研究中看出一些端倪,寻找到一些共同要素。心理支持除了有给对方情感安慰、赞同鼓励、做对方坚强后盾等通俗意蕴外,心理学有三种视角值得我们去借鉴,以获得对心理支持的完整理解:一是支持性心理疗法或一般性心理疗法,是一种以"支持"为主的非分析性治疗,心理医生或咨询师不去分析病人的潜意识,主要运用支持的方法去帮助病人适应目前的疾病与障碍,它是与身体治疗或精神分析治疗相对的一种疗法;二是心理学中的社会支持系统,一个人良好的社会支持系统可以给予个体爱与被爱的需要、安全感、归属感和信任感,社会支持系统缺失会造成一定的心理问题、心理障碍乃至精神疾病;三是心理学理论和流派中的心理支持技术,例如完形心理学认为支持是所有健康人不可或缺的基础,人要有选择地利用自己的内外部资源,获得自我支持和环境支持,以维持人的心理健康。整合以上三种视角,本研究认为:心理支持是一种以语言暗示、认知疏导、情感劝慰、行为指导、精神鼓励乃至具体保证等为支撑手段,调动个体外部和内部的正向力量,以增强个体的心理防御能力,从而恢复对环境的适应与心

---

① 范聚慧. 国内外未成年人心理支持现状研究[J]. 江苏教育,2018(16).

理平衡。它的内涵包括以下三方面：

1. 心理支持是一种重要的支撑力量，特别是当压力来临时所给予的用以抵抗压力的力量。学校中的心理支持是师生之间以及生生互动中形成的，它可以促进师生的共同成长。对学生而言，它来自于老师的鼓励话语与行为指导、同学的互帮互助和相互关心等。

2. 心理支持是一种重要的正向力量，既是一种来自个体所处的外部环境，并对学生产生积极影响的力量；也是一种个体内部长期形成的，必要时可供利用的积极力量，如心理资本、积极人格、积极情绪、领导力、抗逆力等。

3. 心理支持是一种重要的心理力量，是一种集认知、情感、行为于一体的综合心理力。它是一种通过心理能量的流动、转化来维持心理能量的平衡，保持心理健康的重要力量。在心理科学正式独立之前，有学者就认为心理仿佛是一种流体。在精神分析心理学中，弗洛伊德认为人的生命力"性本能"犹如物理学所说的能量，荣格由于反对把这个生命力仅仅看作是性的能量，从而提出了"心理能量"。心理能量与物理能量一样，也是可以转化的。例如情绪就是可以转化的，消极情绪可以转化为积极情绪，积极情绪也可能变化为消极情绪，主要是由于情绪有认知成分，当个体获得了认知上的支持就可能使情绪发生转变。

二、 内容结构

心理支持具有怎样的结构？由于对心理支持的理解不一，不同学者有不同的解释。基于社会支持的视角，李正友认为："从心理结构要素上看，主要分为情感支持、认知支持、行为支持三类。情感支持指关心、宽慰、理解及沟通等。认知支持指提供各类建议、消息、知识等。行为支持指实际进行的各种援助行动。"[1]这是把社会支持从认知、情感、行为三个维度综合起来考虑，符合人们对心理的普遍看法，从这个意义上说，社会支持其实就是心理支持。当然，他所认为的心理结构主要是主观支持。肖水源和杨德森[2]提出，除客观支持和主观体验外，社会支持的研究还应包括个体对支持的利用情况，因此社会支持包括客观支持、主观支持和支持利用度。这一观点得到许多国内学者的认可。

---

[1] 李正友.高中生学习倦怠、社会支持与应对方式的关系研究[D].贵州：贵州师范大学,2015.
[2] 肖水源,杨德森.社会支持对身心健康的影响[J].中国心理卫生杂志,1987(1)4：183—187.

有的学者提出可以从工具性支持、情感性支持、亲密与陪伴、价值肯定四个维度对社会支持进行测量,这也对我们确定心理支持的结构有一定借鉴意义。对于处于危机或灾难情境中的个体而言,认知偏差、心理资本欠缺、情感支持缺乏、社会支持系统缺失是较典型的心理特点,于是他们更需要得到心理支持,从这个角度看,认知、情感、积极心理品质、社会支持等都是重要的内在结构。本研究综合以上各种观点认为心理支持结构应涵盖认知支持、情感支持、行为支持和社会支持。

第二节　价值与意义

一、 心理支持对孩子成长具有重要意义

记得我曾和我的学生一起观看视频《讲台前的我》,当时是作为励志心理电影推荐给同学们的。该微视频的主角科恩(Cohen)患有先天性的妥瑞氏症,导致他无法控制地扭动脖子和发出奇怪的声音。而这种怪异的行为,更是让他从小不被周围的人理解,只有母亲的陪伴、坚持与鼓励,让他能够在正常人的生活里艰难前行。直到在一次全校性的活动上,校长在众人面前巧妙地让大家了解了科恩的真实情况,开启了科恩成为一名关爱学生的教师的坚定梦想。在寻求教师梦想的道路上他遭到众人怀疑,屡屡受挫,但他始终坚持着自己的这份梦想,不放弃信念,一直努力,最终实现了自己的梦想。这个故事,让我既读到了科恩对梦想的坚持,也看到了陪伴和鼓励等心理支持对孩子成长有重要意义。科恩的妈妈和校长可以说是他成长中的贵人,科恩妈妈的不放弃、鼓励和校长的教育智慧引导着科恩带着自己的疾病追寻自己的梦想,成就美好的自己! 其实,一个人可以带着疾病继续,只要他把悲伤放在心里的一个圈圈里,不要让苦痛浸染了他的整个生命,他就可以像正常人一样乐观地生活。当一个人悲伤得难以自持的时候,也许,他不需要太多的劝解和安慰、训诫和指明,他需要的,只是能有一个在他身边蹲下来,理解他,接纳他,引导他做积极改变的人。

受此启发,我想作为学校心理老师,不仅要做好学生心理咨询工作,更要陪伴、鼓励他们,为他们提供有效的心理支持。我在工作中发现,面对同样让人感到困惑或紧张的情境,如重要考试,有的学生能应付自如,有的则产生这样或那样的心理问题,甚至心理疾病。原因固然是多方面的,其中,一个极其重要的因

素是他们是否意识到了支持源的存在,是否积极地寻求了支持并充分利用了支持。心理支持能帮助个体通过与他人一起讨论压力情境,确立更现实的目标和释放消极情绪,从而更有助于个体的心理健康。学校心理老师要努力成为一个引导学生做积极改变的老师,要能够倾听同学们的心声,同感同学们的感受,分担同学们的忧愁,陪伴同学们一起成长。每一个学生都有其独特的个性,学校心理辅导老师必须以专业的素养和方法,用自己的智慧激发学生的正能量,为学生的幸福人生奠基!

二、 心理支持能提升学生的正能量

你可以想象一下,你跟他/她在一起感觉不安全、紧张,处于防卫状态,你觉得是被吸取、压榨和剥削的感觉,你自己的能量衰弱,感觉不舒服,自己是被挑剔的、挑战的和攻击的,你会很想逃走。你还可以想象一下,你跟他/她在一起感觉是安全、放松、想接近的,你觉得他/她浑身散发着诸如善良、同情心、同理心或愿意去支持你的感觉,且有他/她在旁边,你会觉得比自己独处的状态更好。正应了这句话:"我喜欢你不仅因为你的样子,也因为和你在一起时我的样子。"前者就是负能量的人的特征,后者就是正能量的人的特征。

你会是哪只狐狸呢? 故事带给你怎样的启示?

第一只狐狸 A 来到了葡萄架下,认为葡萄是酸的,吃不到也没关系的。他哼着小曲,心满意足地离开了。

第二只狐狸 B 来到了葡萄架下,认为自己吃不到葡萄是由于农夫的葡萄架太高了,葡萄架应负主要责任。于是他破口大骂,撕咬自己能够得到的藤,正巧被农夫发现,一铁锹把他拍死了。

第三只狐狸 C 来到了葡萄架下,"我真不幸,连吃葡萄的愿望都不能满足,活着还有什么意思?"于是开始变得郁闷,最后抑郁而终。

第四只狐狸 D 来到了葡萄架下,"我为什么吃不到葡萄呢? 为什么? 为什么呢?"于是变得精神失常,蓬头垢面,满街游逛,口中念念有词:"吃葡萄不吐葡萄皮,不吃葡萄倒吐葡萄皮。"

第五只狐狸 E 来到了葡萄架下,"够不着葡萄不要紧,我如果学会了采摘葡萄的技术,照样也能吃到葡萄,临渊羡鱼不如退而结网。"精神振奋,利用业余时间给自己充了电,报了一个研究生课程进修班,学习采摘葡萄的技术,顺利结业,最后吃到了葡萄。

第六只狐狸 F 来到了葡萄架下，认为美好的事物有时总是离我们那么远，有一段距离，让自己留有一点幻想又有什么不好的呢？他诗意灵感萌发，一本诗集从此诞生了！

它给我们的启示或许是：当遇挫时，正能量与负能量的狐狸会有不同的应对方式，也就有了不同的结局。一个正能量的人是一个成长的人，受欢迎的人，而如果周围人都认为你是个负能量的人，则对你的工作、生活、人际关系、家庭都有很大的破坏。因此，我们需要不断提升自己的正能量，成为具有较多正能量的人。

什么是正能量？英国理查德·怀斯曼在《正能量》中说，一切给予人向上和希望、促使人不断追求、让生活变得圆满幸福的动力和感情，如快乐、乐观、热情、爱、活在当下就是正能量。李开复（创新工场董事长）曾说："如果你有自信，它会在无意中释放出能量，推动你走向成功；如果你自卑或恐惧，它会在无形中释放能量，导致你失败。成功的人会因体验到成功的快乐而更加自信，失败的人也会因体验到失败的痛苦而更加自卑。"那怎么去提升正能量呢？

1995 年，马登·卡特里亚医生在印度孟买做家庭医生。一天晚上，他来到当地的一个公园，说服四个游客互相讲笑话给对方听。这四个人都很愉快，表示很喜欢这种方式。于是他决定下周重复这样的练习。参与的人数迅速增加，超过五十个人参与到这项活动中来。由此，世界上第一个欢笑俱乐部诞生了。

最初的聚会里，人们围成一圈，轮流讲笑话，大家都感觉很愉快。一开始很顺利，几周后人们的笑话讲得差不多了……这使卡特里亚又想出了"哈—哈"法。其实，的确不用听笑话，只要大家哈哈大笑就能达到同样效果。欢笑俱乐部的人们要围成一圈，彼此相隔一定距离（如人数较多，可围成两层）。其中一人扮演组织者，站在圈的中央，过程中会涉及多个练习，每个练习持续 40 秒钟。

"吼吼哈哈"练习：每个人都吟诵"吼吼哈哈"，每遇到一个"哈"字拍一下手。注意：声音要从丹田而不是嗓子发出，整个练习过程中要保持微笑。

"来回"练习：所有人都拉起手。组织者说"开始"后，所有人开始小声地笑。然后组织者示意大家向中间走来，人们行动过程中笑声要变得越来越大。当他们接近中央时，组织者示意他们退回。接着回到原来位置，同时笑声变小。

"蜂鸟"练习：参与者两两配对，闭上嘴，尽量边发出"嗡嗡"声边笑，在这个过程中,尽量和同伴保持目光接触。

这就是正能量传递的力量,背后的机制就是心理支持,来自他人的相互认同与情感支持。快乐情绪、正能量是可以传递的,但人们之间要有共同信念并能相互支撑。

三、 心理支持是维护学生心理健康的重要法宝

对学生而言,尽管家长、同学、老师和朋友都可能为他们提供有效的支持与帮助,但在遇到具体问题时,他们会如何呢?笔者曾对高一年级119名学生进行过的一项调查表明,遇到困难或烦恼时,只有18.19%的人主动寻求帮助,76.63%的人很少或偶尔寻求帮助,5.18%的人根本不寻求帮助,这一数据说明有些学生缺乏求助意识,不擅于获得心理支持。

柯尔曼(J. C. Coleman)提出:判断一个人是否健康,要以他的行为是否与所处的环境相协调,或者说他的人际关系是否恰当,他对社会事件和社会关系的态度是否符合社会要求为标准。张海钟曾把以往的心理健康标准理论全部定为"社会适应论"。虽然单纯以是否适应社会作为心理健康标准的观点遭到了否定,但众多学者仍然认为适应是心理健康的重要标准。江光荣在《关于心理健康标准研究的理论分析》一文中,分析了人性观、价值标准、文化相对性等影响心理健康标准制定的若干因素后,提出适应和发展是心理健康考察的对象。刘宣文也认为,适应社会的生存标准和改造社会的发展标准应当是统一的,在适应中发展,在发展中适应。可见,适应是学生心理健康的关键要素。

赫尔森(Helson)曾将适应定义为:对重复出现的刺激反应减少或减弱,重新建构有关刺激的认识,以及刺激对生活影响的认识。克劳斯(Krause)和斯腾伯格(Sternberg)对脊髓损伤病人的研究支持适应的影响效果,但他们证明人们并不能彻底、迅速地适应所有环境,对有些情况如贫困和丧偶的适应相当慢;对噪音、饥饿几乎难以适应。也就是说,要维护人的心理健康,只有适应是不够的,还需要有应对。应对与适应不同,适应是消极被动的过程,而应对则是一种积极主动的过程,主动应对需要自身的心理调整,也需要主动地寻求和用好心理支持。

学习适应性是学生心理健康的重要内容与影响因素。一方面,学习是学生的主要活动方式,它必将影响学生人际关系、自我意识等心理健康因素;另一方

面,学习适应性本身就是社会适应的重要方面。学习适应性是克服种种困难取得较好学习效果的一种倾向,也可以说是一种学习适应能力。根据学习心理学的最新成果,影响学生学习适应性的主要因素有学习态度、学习方法、学习环境、身心健康等。当学生面临着学业难度、学业量、学习进度、教师的教学方法等学习环境的变化时,如果能够得到良好的心理支持,学生的心理健康就不会受到影响。反之,如果此时缺少心理支持,不仅影响学生的学业成绩,还可能导致心理健康问题。

本人曾以《学习适应性测验》为工具对 502 名高一学生进行学习适应性调查。该测验包括学习态度、学习技术、学习环境、身心健康四个分量表,学习态度包括学习热情、学习计划性、听课主动性;学习技术包括读书记笔记方法、记忆和思考方法、应试方法;学习环境包括家庭环境、学校环境、朋友关系;身心健康包括独立性、毅力、生理和情绪,较全面地反映了学习适应性的各个方面。研究结果表明,有 36.5％的学生学习适应性总体水平低下,高于全国的理论比率 31％。有相当一部分学生虽然学习适应性总体水平达到中等或中等以上水平,但在学习适应性某些因素方面存在发展水平低下的情况,主要是"学习热情"、"独立性"、"学习态度"。在后续的访谈研究中,一位学生这样说道:"在日常生活中,经常会遇到一些这样或那样的问题,特别是进入高中,过上了寝室生活,没有父母的细心照料,从小自理能力比较弱的我总感到不适应,同寝室同学的关系处理得也不是很好,影响着我的学习和生活。正巧学校开设了心理辅导课,在心理课上大家说到了造成人际适应不良的原因及应对方法,对照自己,我找到了自己与寝室同学相处不够好的重要原因,是我太不爱说话,太被动了,我试着改变自己,我发现寝室同学都很友善,她们给了我很多帮助,事实上,我也能与她们相处得很好……"由此看来,同学、室友的心理支持对学生心理健康是多么重要!一位同学在他的一篇文章中写道:"还有一次,老师让我们给自己的家长做个访问,问问他们曾经的挫折以及自己是如何克服的。我去问我爸妈时,我爸妈突然用另一种眼神看着我。在讲到他们的挫折时,他们十分认真地把当初他们遇到的挫折及如何面对挫折的经历生动地告诉了我,我在一旁听着,听着父母讲述他们的故事,心中也仿佛看到了父母的青春,对父母也有了更多的尊敬。我觉得这次访问拉近了我与父母之间的距离,也让我学习到了应对挫折的方法。"可见,爸妈遭遇的挫折以及应对挫折的方式对他的影响是很大的,他就是通过给自己家长做访问获得心理支持,通过观察学习习得了如何应对挫折。

第三节 沿革与发展

一、 中国古代和近现代的心理支持思想

钱穆认为"西方心理学属于自然科学,而中国心理学则属人文科学"。中国人讨论的"心"主要说的是"心之所欲所不欲","心之所欲,就在于心与心相通,这既包括与自己的心相通,也包括与他人的心相通,还包括心与物的相通"。[1] 心与心相通就是心理支持。

《黄帝内经》的"告之以其败,语之以其善,导之以其所便,开之以其所苦",其实与今天所说的疏导、劝慰很接近,通过"告"、"语"、"导"、"开"等认知转变来给予患者一些心理支持。杨鑫辉教授认为:"开导劝慰法,或称义理开导法……通过言语开导与安慰来调节人的心理行为,它相当于现代的心理疏导和支持性疗法;消愁怡悦法,'七情之病,看书解闷,听曲消愁,有胜于服药者矣',通过怡情移志来帮助患者调节和消除消极情绪,跟现代的音乐疗法、娱乐疗法等很相似。"[2]中国古人的开导劝慰法、消愁怡悦法其实都与心理支持有关,说明我国自古就注重心理支持。

清代程杏轩在《医述》中说:"古之神圣之医,能疗人之心,预使不致于有病;今之医者,惟知疗人之疾,而不知疗人之心,是犹舍本逐末。"中国近代心理学并没有完全由中国传统的心理学思想发展而来,同时也是在清末西学东渐的大背景下由西方传入的。比如陈望道、王国维等曾将西方心理学方法引入美学,开启了中国近现代心理美学研究之路。

二、 西方关于心理支持的有关研究

西方心理学关于心理支持的研究,有三条主要线索:心理支持技术、社会支持理论、支持心理疗法。由于心理支持是一个较为通俗易懂的词汇,有一些心理咨询流派会采用一些心理支持的理念与技术,如完形心理学派、人本主义学派

① 吕小康. 中国心理学的本土化:源起、流变与展望[J]. 南开学报(哲学社会科学版),2014(06):151—160.
② 杨鑫辉. 中国传统心理治疗的科学性[J]. 中国临床心理学杂志,1997(02):60—62.

等。20 世纪 50 年代,法国社会学家杜尔凯姆(Durkleim)①就发现社会联系的紧密程度与自杀有关,20 世纪 70 年代初,精神病学文献中引入社会支持的概念,社会学和医学用定量评定的方法,对社会支持与身心健康的关系进行了大量的研究。支持心理疗法是由索恩(Thorne)在 1950 年提出来的,医生采用劝导、启发、鼓励、同情、说服等谈话方法,帮助病人认识问题、改善心境、提高信心,促进身心康复的过程,它实际上也可以看成是治病救人的辅助手段。由于生理和心理是相互影响的,所以心理调适能起到促进身体健康的作用,这一点已经得到广泛共识。可见,在西方心理学中,有不少心理学派都看到了心理支持对心理健康的重要作用。到 20 世纪 50 年代,社会支持理论和支持心理疗法都开始出现,并发展起来了。

三、 心理支持的发展趋势

在这个不断变革和快速发展的社会,信息化和人工智能迅猛发展,人际之间的心理支持显得非常重要。"加强和改进思想政治工作,注重人文关怀和心理疏导,用正确方式处理人际关系"已经写入了党的十七大报告。人文关怀需要人与人之间相互支撑,体现以人为中心的理念和对人的关注、支持与尊重;心理疏导需要思想政治工作者学会一些非治疗性的帮助人的心理方法,主要是劝导、鼓励、共情等心理支持的方法与技巧。学校是思想政治工作的主要阵地,心理支持在未来会越来越受到重视。

习近平总书记在党的十九大报告中提出:"加强社会心理服务体系建设,培育自尊自信、理性平和、积极向上的社会心态。"积极的社会心态是人们对获得感、幸福感、安全感的集中反映,是自尊自信与理性平和生活态度的体现。2016年,国家卫生计生委、中宣部等 22 部门联合印发《关于加强心理健康服务的指导意见》(下简称《意见》),提出了大力发展各类心理健康服务、加强重点人群心理健康服务、建立健全心理健康服务体系等意见。该《意见》明确提出"充分发挥心理健康专业人员的引导和支持作用,帮助公民促进个性发展和人格完善,更好地进行人生选择,发展自身潜能,解决生活、学习、职业发展、婚姻、亲子、人际交往等方面的心理困扰,预防心理问题演变为心理疾病,促进和谐生活,提升幸福

---

① Durkleim, E. Suicide, A Sociological Study [M]. NewYork: Free Press, 1950.

感","对在特定时期、处于特定岗位、经历特殊突发事件的员工,及时进行心理疏导和援助"。可见,心理支持、心理援助在加强心理健康服务中的重要价值。

鉴于心理支持是心理健康服务的基础性工作,它的重要性是不言而喻的,目前对于心理支持的理论研究还有待加强。过去,心理支持是在探索压力对身心健康的影响背景下产生的,虽然该领域的研究取得了不少成果,但原有研究中存在一些不足,例如从研究对象来看,主要集中在老年人和成年人,针对学生的研究较少。目前,对于社会支持的研究成果较为丰富,如主要探讨了社会支持的定义、结构和测量,与其他心理现象的关系和作用机制等方面。然而,也有些不一致的结论,如在社会支持对心理健康的作用机制上有三种模型:主效应模型、缓冲作用模型和动态模型,这三种模型都得到一些研究的支持。有些问题还需要继续探讨,如社会支持与压力的研究,较多成果集中在相关研究上,对不同来源的压力与社会支持的关系研究很少。另外,目前社会支持的干预研究主要集中于病患者,对学生的社会支持干预研究较少。支持性心理疗法和心理支持技术主要在医学和心理咨询行业运用多一些,对于学校而言,理论与实践研究都相对落后,这些都可能是未来发展的方向。近年来,有学者提出:"心理支持的对象是0—18周岁的未成年人,包括正常儿童、青少年和特殊儿童、青少年。心理健康服务的内容与教育心理学、发展心理学等心理学分支有着重要的联系,一切围绕青少年心理的研究与实践都属于未成年人心理支持内容。"[①]随着《关于加强心理健康服务的指导意见》的发布,心理支持的对象扩展到正常儿童、青少年,中小学生的心理支持工作机制与内容会不断被重视与完善起来。

---

① 范聚慧.国内外未成年人心理支持现状研究[J].江苏教育,2018(16).

第二章 心理支持的理论基础

第一节 社会支持理论

一、社会支持的定义

有关社会支持(social support)的研究最早来自社会学。随着研究的深入，流行病学以及教育学、心理学领域对社会支持的关注也越来越多，目前社会支持已成为多学科研究的对象，由于研究者的研究视角、研究目的和研究对象的差异，其内涵在各个学科之间乃至学科内部并未达到统一。归纳起来，主要有以下几种定义：

（一）从社会互动关系来定义社会支持。萨拉森(Sarason)[1]将社会支持归纳为一种关系，这种关系是客观存在的或人们能感知到的，他们能与他人交流，他们被关心、被接纳、被爱、有价值感，并在他们需要时获得帮助。埃德文纳(Edvina)[2]认为社会支持不仅仅是一种单向的关怀或帮助，它在多数情形下是一种社会交换，是人与人之间的一种社会互动关系。科恩(Cohen)和麦凯(Mckay)认为，"社会支持是指保护人们免受压力事件的不良影响的有益人际交往"。[3]

（二）从社会行为及其性质来定义社会支持。科布(Cobb)认为，"社会支持是指让个体感受到来自其所在的社会网络成员的关心、尊重和重视的一种行为

① Sarason, I. G. , et al. . Assessing Social Support: the Social Support Questionnaire [J]. Journal of Personality and Social Psychology, 1983,(1): 44.
② Edvina U. . Dural exchange theory, social networks, and informal social support [J]. AJS, 1990,(3): 96.
③ Cohen, S. &. Mckay, G. . Social support, Stress and the buffering hypothesis: A theoretical analysis [J]. Hand book of psychology and heath, 1984.(4): 253 – 263.

或信息"。① 它包含三个层次:使个体相信他/她被关心和爱的信息;使个体相信他/她有尊严和价值的信息;使个体相信他/她属于团体成员的信息。马莱茨基(Malecki)②等人则认为社会支持是来自于他人的一般性或特定的支持性行为,这种行为可以提高个体的社会适应性,使个体免受不利环境的伤害。陈成文和潘泽泉认为:"从社会学的意义上说,社会支持是一定社会网络运用一定的物质和精神手段对社会弱者进行无偿帮助的一种选择性社会行为。"③

(三) 从社会资源及其作用来定义社会支持。社会支持常常被认为是个人处理紧张事件问题的一种潜在资源。豪斯(House)将社会支持描述为"什么人就什么问题给某人什么"④,他认为社会支持就是由其他人所提供的资源。库伦(Cullen)⑤认为,社会支持是个体从社区、社会网络或从亲戚朋友那里获得的物质或精神帮助。阿奇利(Atchley)认为,"社会支持是人们赖以满足他们的社会、生理和心理需求的家庭、朋友和社会机构的汇总"。⑥ 施建锋等人认为,"社会支持指的是当某人有需要时,来自于他人的同情和资源的给予。而这种同情和资源的给予是能够满足个体的需要的,从而达到缓解个体各类紧张的目的"。⑦ 丘海雄等认为,"广义而言,社会支持既涉及家庭内外的供养与维持,也涉及各种正式和非正式的支持与帮助,社会支持不仅仅是一种单向的关怀与帮助,它在多种情形下是一种社会交换"⑧。

除上述分类中提到的,也有学者提出了其他的定义,如萨拉森(Sarason)⑨等认为,社会支持是个体对想得到或可以得到的外界支持的感知。刘维良认为,"社会支持是指个体经历的各种社会关系对个体的主观或客观的影响"。⑩ 从以上对社会支持概念的描述和界定,说明社会支持是一个具有多元结构的概念,它

① Cobb, S. . Social support as a moderator of lifes tress [J]. Psychosomatic edicine, 1976,(38):300-314.
② Malecki, C. K. , Demaray, M. K. . Measuring perceived social support, development of the child and adolescents social support scales [J]. Psychology in the School, 2002,39:1-18.
③ 陈成文,潘泽泉. 论社会支持的社会学意义[J]. 湖南师范大学社会科学学报,2000,29(6):25—31.
④ House, J. S. . Work stress and social support [M]. Reading, MA: Addisoon-wesley, 1981.
⑤ Cullen, F. T. . Social support as an organizing concept for criminology: Presidential address to the academy of criminal justice sciences [J]. Justice Quarterly, 1994,11:527-559.
⑥ Atchley, R. C. . Social force and aging [M]. California: Wadsworth Publishing Company, 1985:151.
⑦ 施建锋,马剑虹. 社会支持研究有关问题探讨[J]. 人类工效学,2003,9(1):58—61.
⑧ 丘海雄,陈健民,任焰. 社会支持结构的转变:从一元到多元[J]. 社会学研究,1998,(4):23—31.
⑨ Sarason, B. R. , Pierce G. R. , Shearin, E. N. , et al. Perceived social support and working models of self and actual others [J]. Journal of Personality and Social Psychology, 1991,60:273-287.
⑩ 刘维良. 教师心理卫生[M]. 北京:知识产权出版社,1999. 180—181.

既包含环境因素,又包括个体内在的认知因素,直接反映个体与他人之间的相互作用。

本研究认为社会支持是个体从环境及他人那里所获得的物质或精神帮助,以及对这些帮助的感知、体验和利用程度。从内容上看,社会支持是个体从其所拥有的社会关系中获得的精神和物质的帮助;从操作层面上看,社会支持是个体所拥有的社会关系的量化表征,它包括主观社会支持、客观社会支持和对支持的利用度,这样的界定,既概括了社会支持这一概念的本质,又体现了抽象性表述要求。

二、 社会支持的分类与测量

(一) 社会支持的分类

早期的研究者往往将社会支持看作是宽泛、统一的关系整体,没有考虑到人与人关系的性质,认为只要有关系存在,这种关系就一定能帮助个人应付日常生活中的困难。例如,伯克曼(Berkman)等人在加利福尼亚的追踪调查发现"那种缺乏社区关系的人较之与人有更紧密接触的人在以后的时期里更可能死亡"[1]。随着研究的深入,许多研究者发现社会支持并非铁板一块,不同性质的社会关系能够提供不同类型的社会支持,因此,一些研究者对社会支持进行了区分。社会支持的分类繁多,大体可按照支持的性质和支持的来源进行分类。

1. 按照支持的性质分类。科恩和威尔斯(Wills)[2]根据社会支持所提供资源的不同性质将社会支持分为尊重的支持、信息支持、社会成员身份支持和工具性支持四类;威尔曼(Wellman)和沃特利(Wortley)[3]运用因子分析的方法将社会支持分为感情支持、小宗服务、大宗服务、经济支持、陪伴支持五项;沃克(Walker)等人[4]认为,无论哪种分法,实际都可归纳为情感支持、物质支持(物资、金钱和服务)、信息及陪伴四种。巴瑞拉(Barrera)和爱因雷(Ainlay)提出了社会支持的六个类型,分别是物质帮助(提供物质和金钱)、行为帮助(分担任

---

① Berkman, L., et al.. Social Networks, Host Resistance and Mortality: A Nine-year Follow-up Study of Alameda County Residents [J]. Am. J. Epidemiology, 1979(109): 186 - 204.

② Cohen S., Wills T. A.. Stress, social support, and the buffering hypothesis [J]. Psychological Bulletin, 1985, 98(2): 310 - 357.

③ 程虹娟,龚永辉,朱从书. 青少年社会支持研究现状综述[J]. 健康心理学杂志,2003,5: 351.

④ Walker, M. E., et al.. Statistcal models for social support networks, in Wasserman and Galaskiewicz (eds.) [M]. Advancesin Social Network Analysis: Research in the Social and Behavioral Sciences, 1994.

务)、亲密互动(传统的、漫谈式的咨询活动)、指导(提供建议、信息或指令)、反馈(提供关于行为、思想或感情的反馈)、积极的社会互动(以娱乐或休闲为目的的互动)。① 程虹娟等将社会支持分为情感支持、物质支持、信息支持及陪伴支持四大类②。

2. 按照来源划分。齐梅特(Zimet)③在编制领悟社会支持量表时,按照来源把社会支持分为家庭支持、朋友支持和其他支持(包括领导、亲戚、同事等)。严标宾等④对大学生社会支持的研究,根据齐梅特等人编制的领悟社会支持量表把社会支持分为家庭支持、朋友支持和其他支持。

无论是依据来源的不同还是依据性质的不同,我们都可以大致地把社会支持划为两类:客观支持和主观支持。客观支持指客观的、实际的支持,包括物质上的可见的帮助和社会关系所赋予的直接援助;主观支持指主观的、体验到的支持,主要是精神上的支持。而实际上这样的划分多是从个体外界的环境因素出发的,没有考虑个体的个性、价值观、成长经历等因素与外界环境因素的相互作用。由于个体差异,面对同样的社会支持,个体对支持的利用程度会有差异,有的人可能会主动求助,并对支持加以充分利用;有的人则可能根本就没有求助意识,漠视支持的存在;有的人可能不懂如何去利用社会支持。而且有的时候,当一个人如果担心自己缺乏回报能力或是不愿意回报,那他也就不可能去求助于人,甚至会拒绝别人的支持。由此可见,个体对支持的利用度也应该包括在研究的范围内。肖水源和杨德森⑤提出,除客观支持和主观体验外,社会支持的研究还应包括个体对支持的利用情况,他的这一观点在国内得到普遍认同。"学者廖苑提出,客观支持也称为实际社会支持,包括物质上的直接援助等,是客观存在的现实;主观体验到的支持,也称为领悟社会支持,即个体所体验到的情感上的支持,与个体的主观感受密切相关,是个体在社会中受尊重和理解而产生的情感体验和满意程度;对支持的利用度是指个体对社会支持的利用情况,有些人虽然可以获得社会支持,但是却拒绝了他人的帮助。"⑥

---

① 刘春雷.当代大学生就业心理问题及其影响因素研究[D].吉林:吉林大学,2010.

② 程虹娟,龚永辉,朱从书.青少年社会支持研究现状综述[J].健康心理学杂志,2003,(11)5:351—353.

③ Zimet, G. D. , Dahlem, N. W.. The Multidimensional Scale of Perceived Social support [J]. Journal of Personality Assessmet, 1988,(52):30-41.

④ 严标宾.社会支持对大学生主观幸福感的影响研究[D].广州:华南师范大学,2003.

⑤ 肖水源,杨德森.社会支持对身心健康的影响[J].中国心理卫生杂志,1987(1)4:183—187.

⑥ 蒋蕾.单亲家庭中职生社会支持调查及团体干预研究[D].上海:上海师范大学,2016.

(二) 社会支持的测量

从测量方法上来看,社会支持主要有两种研究方法:他人报告法,即由被试支持网络中的重要他人报告各方面的支持情况。这种方法可以了解重要他人向被支持者提供支持的实际情况,一般用于较低年龄阶段的儿童。自我报告法,即由被支持者自己列出其主要支持者的名单,并对来自各支持者的支持质量及自己的满意度作出评价。这种方法常用于成人社会支持系统的研究。

从测量维度上来看,目前对社会支持的测量主要从两个维度入手。科恩和威尔斯[1]指出,对社会支持的测量可以从下面两个维度来进行分类:一是从测量结构或测量功能来分;二是从总体测量或是特定测量来分。结构的测量主要是指社会支持包括了哪几个方面,功能的测量主要是指这些社会关系所提供的特定支持的程度和质量。总体的测量指不加区分地把一系列结构和功能放在一起测量,特定的测量则是指测量社会支持的具体结构和功能。

社会支持的测量量表多采用多轴评价法,通常包括客观的支持和主观的体验在内。最常见的测量工具有以下几种。萨兰等(Saran, 1983)的社会支持问卷(Social Support Questionnaire)[2],该问卷有两个维度:社会支持的数量,即在需要的时候能够依靠别人的程度;及对获得的支持的满意程度。该量表共有27个条目,每个条目均描述一个特殊的情况,要求被试回答在此情况下有多少人支持和对支持的满意程度。安德鲁(Andrews)等[3]在一项城市社会健康研究中应用的社会支持问卷,该问卷共有16个项目,分为三个部分:危机情况下的支持(crisis support),邻居关系及社区参与(community participation)。亨德森(Hendeson)等[4]根据社会关系"储备"(provision)理论发展了"社会相互关系调查表"(Interview Schedule for Social Interaction, ISSI),该调查表共设计了52个条目,分社会支持的可获得程度(availibility)和自觉的社会关系的适合程度(adequency)两个维度评分。肖水源编制的《社会支持评定量表》[5],肖水源于

① Cohen S., Wills T. A.. Stress, social support, and the buffering hypothesis [J]. Psychological Bulletin, 1985, 98(2): 310 - 357.
② Sarason I. G., et al.. Assessing Social Support: the Social Support questionnaire [J]. Journal of Personality and Social Psychology, 1983,(1): 44.
③ Andrews G. C., et al.. Life Event Stress, Social Support, Coping Style, and Risk of Psychological Impairment [J]. J. Nerv. Ment. Dis, 1978(166): 307 - 316.
④ Herderson S., et al.. Neurosis and the social environment [M]. Isted. N. Y. Academic press, 1981: 29 - 52.
⑤ 肖水源. 心理卫生评定量表手册(增订版)[C]. 中国心理卫生杂志,1999,12: 127.

1986 年在借鉴国外有关成果的基础上，设计了《社会支持量表》，之后他又进行了一系列的修订。该量表包括 10 个条目，较为简洁并考虑了中国文化背景，有较好的信度和效度。目前，它已成为国内社会支持研究广泛使用的量表。

（三）社会支持的相关因素研究

1. 社会支持与身心健康的研究

20 世纪 70 年代以来，人们对社会支持在维护健康方面和疾病的病理学意义方面的兴趣甚浓。有学者认为："社会支持被普遍认为对身心健康至关重要。"[1]国外的研究一般采用应用科学和社会流行病学的方法分析社会支持对心理健康的影响，如洛文塔尔（Lowenthal）和黑雯（Haven）[2]发现老年人如果和关系密切的朋友交往，则可有效地减少压抑症状。里德（Read）等[3]研究了 4 653 名成人社会支持与缺血性心脏病的关系，发现社会支持与缺血性心脏病及急性心肌梗死的相关有显著意义。萨金特（Sargent）等[4]认为社会支持可以促进员工的健康。但也有人报道，当支持是强加给个体时，会诱发消极的反应[5]。总体说来，从文献研究看，众多的研究还是提供了社会支持对维护身心健康的证据。

尽管社会支持作为一个科学术语，早在 20 世纪 70 年代就已被提出并展开了研究，但是国内学术界对于该领域的广泛关注则是 20 世纪 90 年代的事情。肖水源和杨德森[6]从医学领域，应用病例配对方法研究应激、社会支持等心理因素对消化性溃疡的影响。继医学界之后，不同领域的研究人员分别从心理学、教育学等方面着手研究。丁锦红、王净[7]对在校大学生社会支持状况的研究，陶沙[8]对大学新生社会支持的研究，赵慧芳[9]、欧阳丹[10]等对大学生的研究都分析

---

① L. Fyrand，T. Moum，A. Finset，L. Wichstrom & A. Glennas. Social support in female patients with rheumatoid arthristis compared to healthy controls [J]. Psychology, health & medicine, 2001,11(6)：429.

② Lowenthal M. F. , Haven C. Interaction as adaptation：Intimacy as a critical variable [J]. American Sociological Review, 1968,(33)：20 - 30.

③ Read D. , et al.. Social Networks and Coronary Heart Disease Among Japanese Men in Hawaii [J]. Am. J. Epidemiology, 1983(117)：384 - 396.

④ Sargent，L. D. , et al.. The moderating role of social support in Karasek's job strain model [J]. Work & Stress, 2000(14),245 - 261.

⑤ Deelstra J. T. , et al.. Receiving Instrumental Support at Work：When Help Is Not Welcome [J]. Journal of Applied Psychology, 2003,88(2)：324 - 331.

⑥ 肖水源,杨德森. 消化性溃疡的心理健康水平[J]. 实用内科杂志,1992(12).

⑦ 丁锦红,王净. 在校大学生社会支持状况研究[J]. 首都师范大学学报(社会科学版),2000,(132)1：114—116.

⑧ 陶沙. 大学新生社会支持的特点与变化的研究[J]. 心理发展与教育,2000,1：1—5.

⑨ 赵慧芳,冯砚国,王俐等. 社会支持对体育系大学生心理健康的影响[J]. 健康心理学杂志,2002,5：352—353.

⑩ 欧阳丹. 社会支持对大学生心理健康的影响[J]. 青年研究,2003,3：29—33.

了社会支持对心理健康的影响,较为一致的结论是,社会支持有益于维护和提高心理健康水平,使不良的身心症状得到显著改善。如欧阳丹的研究得出大学生的心理健康状况与其社会支持整体水平、客观支持、主观支持和支持利用都存在显著相关,心理健康高、低症状组与其他组在社会支持各项目上得分均存在显著差异。王玲、陈怡华[1]研究了师范院校大学生抑郁与社会支持的关系,相关分析显示,抑郁与客观支持度和主观支持感没有显著相关,但与社会支持中的对支持的利用度有显著负相关,说明对支持的利用度越低,抑郁程度越高。可以看出,随着认识的深入,对社会支持的研究已从对它的客观描述发展为从它对个体心理学意义角度去认识和研究,也就是说社会支持的研究逐渐趋向于对个体身心产生影响的不同类型或不同影响侧面的研究。另外,目前的研究更趋向于考察不同类型的社会支持在身心健康中所起的作用。

2. 社会支持与其他相关因素的研究

社会支持研究涉及的其他相关因素有焦虑水平、自尊、个体适应、快乐感、母亲抚养困难、主观幸福感等。彭欣的研究认为,“自尊与社会支持中的利用度有显著正相关”[2];拉莫特(Lamothe)等[3],亨斯伯格(Hunsberger)等[4]认为,社会支持与良好的生活满意度有着明显的正相关,而与孤独、抑郁、焦虑等消极情绪存在明显的负相关;巴瑞拉(Barrera)等认为,“社会支持与个体适应具有显著的相关”[5];德·容格(De Jonge)[6]等人的研究认为,社会支持和幸福感有正相关;王耕、董奇等[7]研究表明,社会支持与母亲抚养困难有显著负相关,较高的社会支持有助于减轻母亲的抚养困难;严标宾研究认为,“社会支持的不同方面对主观幸福感的不同方面产生影响,其中对总体主观幸福感和消极情感产生预测作用的变量是家庭支持和朋友支持,对生活满意度和积极情感产生预测作用的变量

① 王玲,陈怡华. 师范院校学生抑郁与社会支持度的关系研究[J]. 中国行为医学科学,2002,11(2),216—217.

② 彭欣等. 大学生自尊与社会支持的关系研究[J].健康心理学杂志,2003. 11(1):40—41.

③ Lamothe, D. , Currie, F. , Alisat, S. , Prat, M. , et al.. Impact of a social support intervention on the transition to university [J]. Canadian journalof community mental health,1995. 14:167 - 180.

④ Hunsberger, B. , Pancer, S. , PraM&Alisat, S.. The transition to university: Is religion related to adjusment [J]. Research in the social scientific study of religion, 1996. 7:181 - 199.

⑤ Barrera, M. , Sandler, I. N. & Ramsay, T. B.. Preliminary development of scale of social support:Studieson college students [J]. American journal of community psychology, 1981. 9:435 - 447.

⑥ De Jonge, J. , et al.. Testing reciprocal relationships between job characteristics and psychological well-being:A cross-lagged structural equation model [J]. Journal of Occupational and Organizational Psychology, 2001(74), 29 - 46.

⑦ 王耕,董奇,刘桂珍. 社会支持与母亲抚养困难的关系的研究[J].心理发展与教育,1994,2:49—54.

是家庭支持和其他支持"。①

从以上的研究看,多数学者认为,良好的社会支持有利于身心健康,而劣性社会关系的存在则损害身心健康。随着研究的不断深入,人们发现社会支持对心理健康的影响受诸多因素(如压力源、人格、文化背景等)的影响,这使人们把单纯研究社会支持与心理健康的关系转移到研究社会支持是如何影响心理健康的作用机制上来,并形成了三种作用机制假设。

(四) 社会支持对心理健康的作用机制

目前,社会支持对心理健康的作用机制的假设有三种:主效应模型(main effect model)、缓冲作用模型(buffering model)和动态模型(dynamic model)。

主效应模型认为社会支持具有普遍的增益作用,其效应独立于压力,不管压力程度如何,社会支持对个体的身心健康有着直接促进作用。这一论点得到了一些研究的证实。布鲁阿(Brugha)②的研究发现,社会支持对抑郁症状的改善起直接的作用。许崇涛研究认为"社会支持是独立于人格因素和生活事件的,且社会支持低下本身就可以导致个体产生不良心理体验,如孤独感、无助感,从而使心理健康水平降低"③,其研究结果支持了主效应模型。在主效应模式的倡导者看来,只要增加社会支持水平,必然导致个体健康水平的提高。

缓冲作用模型认为,社会支持是仅在压力条件下与身心健康发生联系,它可以缓冲压力事件对个体身心状况的消极影响,保持与提高个体的身心健康水平。在缓冲作用模型中,社会支持的作用是针对压力事件的,社会支持缓冲了压力事件对个体健康的影响,保护个体免遭压力的破坏作用。社会支持在两个环节上扮演着缓冲角色:(1)社会支持可能作用于压力事件与主观评价的中间环节上,如果个体受到一定的社会支持,那么他将低估压力情境的伤害性,通过提高感知到的自我防御能力,减少对压力事件严重性评价。(2)社会支持能够在压力的主观体验与疾病的获得之间起到缓冲作用。社会支持能够导致压力的再评价,抑制不良反应或产生有利的调整性反应,从而降低甚至消除压力的反应症状,或者

---

① 严标宾. 社会支持对大学生主观幸福感的影响研究[D]. 广州:华南师范大学,2003.

② Brugha, T. S., et al.. Gender, social support, and recovery from depressive disorders: a prospective clinical study [J]. Psychol Med, 1990,20: 147 - 156.

③ 许崇涛. 社会支持、人格在生活事件、心理健康关系的作用[J]. 中国临床心理学杂志,1997,2.

直接影响生理活动过程,从而达到缓冲的效果。缓冲作用模型的假设得到了不少研究结论的支持。弗兰纳里(Flannery)等①研究表明,在抑郁症状发作时社会支持能缓冲生活事件对患者的影响。

另外,有些研究者认为,社会支持、心理压力、心理健康等变量,在概念、方法学、实证关系上应该是一种复合关系,而不是通常理解的正向影响关系,这些变量之间存在着相互影响和作用,这些研究结果使社会支持、压力与身心健康的关系变得相当复杂。针对以上研究结果,研究者提出了社会支持的动态模型。

动态模型认为,原有的社会支持主效应与缓冲作用模型都不符合实际情况,应将社会支持和压力同时作为自变量通过直接或间接方式对身心健康水平起作用,压力与社会支持的关系是相互影响和相互作用的,这种关系还会随着时间的改变而发生变化。社会支持的动态模型在蒙罗(Munroe)等人②的研究中得到了较好证明。他们的研究发现,社会支持、压力与身心健康之间存在着复杂的交互作用,且这种影响会随着时间的改变而变化。目前动态效应模型逐渐引起了重视,但这方面的研究缺乏。

社会支持的作用机制是主效应模型、缓冲作用模型还是动态模型,目前并没有一致的结论,有的研究支持主效应模型,有的研究支持缓冲作用模型或动态模型,也有的研究甚至支持两种效应同时存在。李伟等③研究表明,无论在较高或较低压力情境下,社会支持良好比社会支持不良大学生的抑郁、焦虑情绪显著较少,这在一定程度上支持了主效应模型,该研究还发现,社会支持感受与大学生的压力感显著负相关,即使压力感较高,如果社会支持良好,则大学生抑郁、焦虑也相对较少。这说明良好的社会支持可以在一定程度上降低压力感,从而有可能使个体在高压力状态下,提高感知到的自我应对能力以减轻对压力事件严重性的评估,进而减少压力体验的不良影响,这又在一定程度上支持了缓冲作用模型。研究结果的不一致可能与研究者的研究对象、研究工具、研究方法的不同有关。尽管社会支持的作用机制有三种理论模型,但这三种模型都肯定了社会支持对于个体的心理保健功能,而正确认识社会支持对于身心健康的作用有着重

---

① Flannery, R. B. , Weiman D. Social support, life stress, and psychological distress: an empirical assessment [J]. Clin Psychol, 1989,(45): 867 - 872.

② Munroe, S. M, ,& Steiner, S. C. . Social support and psychopathology: Interrelations with pre-existing disorder, stress and personality [J]. Journal of Abnormal Psychology, 1986,95: 29 - 39.

③ 李伟,陶沙. 大学生的压力感与抑郁、焦虑的关系: 社会支持的作用[J]. 中国临床心理学杂志,2003(2).

要的现实意义,同时这些不一致的结果也说明社会支持对心理健康的作用机制还有待进一步研究。

(五) 社会支持的作用过程

在确定社会支持与健康相关的基础上,许多研究者对社会支持的作用过程进行探索。卡塞尔(Cassel)等从社会学视角,莱温格(Levinger)和休斯曼(Huesman)等从心理学视角共同说明社会网络的扩大及一系列社会角色的获得使得个体在生活情境中产生稳定感与自我尊重感,从而具有良好的心理状态。从具体压力情境与特定支持类型关系的角度出发,斯乔碧斯(Stroebes)提出了缺失模型,认为缺失的本质影响着所需支持的类型,因此,在他看来,财产的缺失需要实物支持,重要关系的缺失需要依恋感的建立和社会关系的相互作用,成就感的缺失需要他人给予价值和能力的重新评价。在此基础上,另一些研究者提出社会支持与压力事件的匹配模型,认为只有当社会支持类型与压力事件相互匹配时才发生效用。例如,工具性支持能有效降低由物质资料缺乏而造成的应激状态,情感支持则促使自卑的个体重新自我评价,从而更快更好地解除压力状态。[①]

(六) 影响社会支持的因素

1. 压力源与社会支持

在探讨社会支持与身心健康的关系中,压力源的特点是一个重要的影响因素。个体面临的压力源不同,社会支持使用的种类与程度会有所不同。另外,压力时间长短也会影响社会支持与身心健康关系。一般认为,长期压力对个体身心健康的负面影响最大,但这方面的研究较少。索茨(Thoits)[②]提出社会支持主要是一种应激帮手。他人对正处于压力之中的个体给予帮助,例如帮他改变不利的情况,帮他从积极的角度重新审视不利的情况等,压力对个体产生的不利影响就会被缓解。普尔林(Pearlin)[③]认为,通过强化个体的自尊和对环境的控制感,社会支持可以带来积极的情感体验,从而减轻压力的负面影响。无论是来自于他人的实际的工具帮助还是情感支持,都是社会支持作用的重要方面。

---

① 刘国珍. 试论社会支持对压力评估与应付方式的作用[D]. 南昌: 江西师范大学,2001.
② Thoits, P. A. Conceptual, methodological, and theoretical problems in studying social support as a buffer against life stress [J]. Health Soc Behav, 1982(26): 352 - 364.
③ 张新灵. 社会支持、控制感在工作压力模型中的作用机制研究[D]. 上海: 同济大学,2006.

2. 社会支持的情境独特性

除了压力源的独特性以外,另一个被广泛探讨的因素就是社会支持的情境独特性问题。目前这些研究多从社会支持的可获得性(availability)和知觉适当性(adequacy)入手。利维(Leavy)[1]认为,个人期待与实际获得社会支持的协调程度会影响个体的身心健康。另外,个体获得社会支持的时间特性也是影响身心健康的重要变量,因为社会支持在不同时间出现,其价值不同,因此给予社会支持时必须考虑特定的情境因素。对社会支持进行网络分析也是目前社会支持研究的一个热点。研究表明,社会支持网络的特征,如规模、密度、中心度(指个人在社会支持网络中的地位与重要性),及网络成员的互惠都会影响社会支持、压力与心理健康的关系。如埃尔拉(Elal)和科雷斯皮(Krespi)[2]的研究表明,抑郁症患者与没有抑郁症的病人相比较,前者更少与他人有实际的或电话的联系,他们感受到的支持也更少。

3. 性别因素与社会支持

许多研究表明,社会支持存在性别差异,但差异结果却并不一致。如伯克(Burke)和韦尔(Weir)研究发现,在选择父母和同伴的支持上,女性比男性更愿意选择同伴的支持,并且存在更大程度上的压力和生理、心理健康问题。与伯克等研究结果不同的是,亨德森(Henderson)随机抽取937名大学生调查发现,对于女性而言重要的是来自家庭的社会支持,而男性则是朋友的支持更重要些。在如何寻求和利用社会支持上,贺福(Hobfoll)认为女性比男性更多地依赖社会支持,因而更多的社会联系对女性更有价值,支持所获得的利益更多。伯克和韦尔发现女性比男性更愿意与同伴讨论她们的问题,对从同伴处获得的帮助也感到很满意。格莱德韦尔(Glidewell)发现男生比女生更愿意在学业需求、焦虑上寻求老师的帮助。沃克斯(Vaux)的研究也证明了男、女性在使用社会支持来源的不同[3]。在国内的研究中,刘广珠研究发现在获得经济支持和安慰关心方面,男女生并不存在显著差异[4]。丁锦红等[5]研究发现女生的社会支持水平显著高

---

① Leavy R . Social support and psychological disorder [J]. Journal of Community Psychology, 1983(11): 3 - 21.

② G. Elal & M. Krespi. Life Events, Social Support and Depression in Haemodialysis Patients [J]. Journal of Community & Applied Social Psychology, 1999(9): 23 - 33.

③ 程虹娟,张春和,龚永辉. 大学生社会支持的研究综述[J]. 成都理工大学学报(社会科学版),2004,(1): 88—89.

④ 刘广珠. 577名大学生获得社会支持情况的调查[J]. 中国心理卫生杂志,1998,(3)12: 175.

⑤ 丁锦红,王净. 在校大学生社会支持状况研究[J]. 首都师范大学学报(社科版),2000,1: 114.

于男生,主要表现在主观支持和利用度方面。而陈耕春①对全国十城市大学生社会支持的调查结果却显示,男生的社会支持程度高于女生。

4. 人格因素与社会支持

随着社会支持研究的深入,研究者发现人格因素既有可能在社会支持与身心健康关系中起中介作用,也有可能是影响身心健康的直接原因。首先,人格因素影响个体对社会支持的感知,诺兰德(Norlander)②的研究发现,面对生活事件,具有良好人格特征的女性知觉到的社会支持要远远多于特殊人格特征的女性。布拉尼耶(Branje)等人③研究认为,家庭成员的人格特征与可知觉到的支持有纵向的联系,当个体的人格特征发生变化,他们知觉到的支持也会发生变化。其次,人格因素还会影响个体的社会交换感。研究表明,社会交换感在社会支持与个体身心健康过程中起着中介作用。另外,人格因素可能是影响身心健康的直接原因。研究表明,低神经质、自信心较强及良好应对技巧是促使高社会支持与良好身心状态形成的人格因素。

5. 文化因素与社会支持

文化也是影响社会支持的重要因素。萨拉森的研究表明,社会支持是一种重要的个体差异变量,它形成于儿童时期,稳定于青年时期,它的形成过程受到文化背景和情境变量的影响。亨加尔丽(Hungary)的研究也表明,在不同文化背景下生存的个体,知觉到的社会支持、人格特征有明显差异,在大学生活适应过程中的行为模式也有明显不同。该研究还发现,父母教育方式直接影响着社会支持,社会支持在父母教育方式与大学生活适应性中起着中介作用。赫德尔(Hurdle)④的研究也发现,不同的文化胜任力(culture competence)对该文化下的宏观与微观社会工作干预措施的运用有着明显影响,这样不同文化背景下个体的社会支持感就会有所差异。李慧民、李越美⑤对大学生群体的研究发现家庭结构是否完整,以及父母受教育程度的高低对子女获取社会支持的影响十

---

① 陈耕春.我国城市成年人心理健康监测指标优化——社会支持程度调查研究[J].西安体育学院学报,2001,(1):99.

② Norlander T. , Dahlin A. . Health of woman:Associations among life event, social support, and personality for selected [J]. Psychological Reports, 2000,86(1):76 - 79.

③ Branje J. T. , et al. . Relations Between Big Five Personality Characteristics and Perceived Support in Adolescents' Families,[J]. Journal of Personality and Social Psychology, 2004,(86)4:615 - 628.

④ 王雁飞.社会支持与身心健康关系研究述评[J].心理科学,2004,27(5):1175—1177.

⑤ 李慧民,李越美.家庭背景对大学生社会支持的影响[J].中国行为医学科学,2004,13,191—120.

分突出,特别是在主观支持维度上,完整家庭和不完整家庭两类学生的分组比较差异均非常显著。完整家庭的学生以及父母文化程度高的学生在主观支持维度上均显示出高值,也就是说这种家庭的学生获得的社会支持较多,特别是主观体验到的支持较多。以上研究表明,文化因素对社会支持的影响不可忽视。

(七) 中学生的社会支持研究

在国外,社会支持的研究是一个热门领域,在我国社会支持的理论与实证研究才开始[①]。以往社会支持的研究对象集中在老年人和成年人,虽然近年来有些研究的对象是青少年,但大多是以初中生为研究对象,针对高中生的社会支持的研究显得非常匮乏。中学生社会支持的研究主要集中在以下两方面:

1. 社会支持与身心发展的研究

与对其他群体的研究一样,普遍认为社会支持有助于中学生维护身心健康。感受到同伴高水平支持的青少年,抑郁程度低(Licitrak et al. ,1993),而负性生活事件、低家庭支持是青少年女生问题行为的显著性预测指标(Windle. M, 1992),缺乏家庭支持或低家庭支持是青少年自杀倾向的最有效的预测性指标(Morano,M. D. et al. ,1993)。社会支持对中学生的抑郁和过失行为有显著的缓冲作用(Michael Windle,1992)。从研究的发展水平看,国外在该领域的研究已经进入实验研究阶段,克莱恩、阿米莉娅和洛可(Klein, Amelia & Rocco) (1997)用实验法研究同伴的社会支持在高危群体(有心理健康问题、滥用药物)康复中的作用,结果显示,与对照组比较,实验组被试社会功能和生活质量的改善更加显著。在国内的相关研究中,有研究[②]认为社会支持可以缓解中学生高考时的压力感。赵建平等[③]认为社会支持对初中生的心理健康有显著影响,主观支持对心理健康的可解释量最大。郭学东等[④]的研究表明初中生心理健康与生活事件和社会支持密切相关,社会支持在生活事件和心理健康之间起着重要的调节作用。

---

① 贺寨平. 国外社会支持网研究综述[J]. 国外社会科学,2001,(1). 76—82.
② 张向葵,张林,马利文. 认知评价、心理控制感、社会支持与高考压力关系的研究[J]. 心理发展与教育,2002,3, 74—76.
③ 赵建平,葛操. 初中生社会支持与心理健康的相关研究[J]. 中国健康心理学杂志,2006,14(2):132—134.
④ 郭学东等. 社会支持在初中生生活事件与心理健康间的调节作用[J]. 中国临床心理学杂志,2006,14(5):530— 531.

2. 中学生社会支持的特点

社会支持的来源主要是父母和同性朋友。有研究发现[1]，母亲给予中学生的社会支持最多，其次是父亲、同性朋友和教师。刘霞等[2]对初中留守儿童的研究也发现，母亲是初中留守儿童最经常的支持源。张彦[3]的研究认为，父母和朋友是中小学生最为重要和相对稳定的支持来源。刘春梅等[4]的研究也认为，青少年主要从母亲那里获得肯定与支持。左占伟等[5]认为，同性朋友在初中生社会支持方面的地位明显高于其他重要社会他人，是初中生社会支持最主要的来源。

社会支持的性别差异。大多数研究认为中学生社会支持存在性别差异。马存燕[6]认为不同性别的初中生社会支持状况差异显著。母亲是女生最重要的社会支持来源，同性朋友是男生最重要的社会支持来源。左占伟等[7]研究证实，初中生社会支持的性别差异显著。有的研究有不同结论，杨晓晖[8]发现除物质支持存在性别差异外，总的社会支持及其他因子不存在性别差异。

社会支持的年龄差异。张彦[9]的研究表明，中小学生在不同的发展阶段，社会支持呈现不同的特点。高一学生在主观支持、支持利用度、支持总分上的得分低于高二学生，并且在主观支持方面存在显著差异，在支持利用度、支持总分方面的差异已达到极其显著水平。刘春梅[10]认为在肯定与支持、陪伴与亲密、冲突与惩罚维度上，存在年级的主效应。左占伟等[11]认为，初中年级差异显著，初一年级感受到的母亲、教师的肯定与支持显著高于初二和初三年级，感受到的父亲的肯定与支持显著高于初三年级。张雯、郑日昌[12]对初中生社会支持特点的调

---

① 邹泓. 中学生的社会支持系统与同伴关系[J]. 北京师范大学学报(社科版)，1999(1)：34—42.

② 刘霞等. 初中留守儿童社会支持状况的调查[J]. 中国临床心理学杂志，2007，15(2)：183—185.

③ 张彦. 中小学生社会支持特点的初步研究[D]. 大连：辽宁师范大学，2004.

④ 刘春梅，李宏英. 青少年社会支持系统发展特点的研究[J]. 心理科学，2002，25(4)：477—478.

⑤ 左占伟等. 初中生的社会支持状况及其与心理健康的关系[J]. 中国心理卫生杂志，2005，19(11)：730—733.

⑥ 马存燕，邹泓，左占伟. 初中生的父母教养方式与社会支持的关系[J]. 中国健康心理学杂志，2007 15(3)：279—283.

⑦ 左占伟，邹泓，马存燕. 初中生的社会支持状况及其与心理健康的关系[J]. 中国心理卫生杂志，2005，19(11)：730—733.

⑧ 杨晓晖. 高中生社会支持对主观幸福感的影响的研究[D]. 南京：南京师范大学，2005.

⑨ 张彦. 中小学生社会支持特点的初步研究[D]. 大连：辽宁师范大学，2004.

⑩ 刘春梅，李宏英. 青少年社会支持系统发展特点的研究[J]. 心理科学，2002，25(4)：477—478.

⑪ 左占伟，邹泓，马存燕. 初中生的社会支持状况及其与心理健康的关系[J]. 中国心理卫生杂志，2005，19(11)：730—733.

⑫ 张雯，郑日昌. 初中生社会支持特点的调查分析[J]. 中国健康心理学杂志，2004(12)：385—386.

查发现年级差异表现为初二社会支持总分最高,而初三最低,这可能和初二时基本适应学校生活和初三学习压力较大有关。

第二节　支持性心理治疗

一、概念与定位

在西方国家,支持性心理治疗有很多相关的词汇,如 Supportive Psychotherapy，Supporting Psychotherapy，Supporting Therapy，Psychological Supporting Therapy，Psychological Support。有学者认为,"支持性心理治疗是一种基于心理动力学理论,利用诸如建议、劝告和鼓励等方式来对心理严重受损的患者进行治疗"。[①]"解释性精神支持疗法一般是指心理医生合理地采用劝导、启发、鼓励、同情、支持、评理、说服、消除疑虑和提供保证等交谈方法,帮助患者认识问题、改善心境、提高信心,从而促进身心康复的过程。"[②]笔者认为,这里的解释性精神支持就是支持性心理治疗,这些学者认为支持性心理治疗是一种心理治疗方法。然而,还有学者认为,"支持性心理治疗就是通过解释、鼓励、协助、指导等方式,突破危机,稳定情绪,从而为后继的心理治疗营造良好的心理起点"。[③]"严格说,它不是一种专门的治疗方法,但在心理治疗中经常被使用。其主要特点是运用施治者与求治者之间的关系,积极应用施治者的权威、知识与关心来支持求治者的人格不成熟、情感脆弱、心理受挫等问题的矫治效果。"[④]也就是说,这些学者认为它不是一种专门的治疗方法,指的是一种长期的支持与照顾,作为心理治疗的基础,以降低复发或恶化的可能,增强应付现实的能力。

总之,支持性心理治疗有两方面的涵义,适合于两种不同的定位。一是医生较少作为独立的治疗方法使用,而是用于帮助或促进患者身心健康的一种辅助方法。它基于心理动力学理论,适宜于那些不太适合表达性心理治疗的患者或疾病。二是支持性心理治疗只是作为心理治疗前的起点或基础,不作为一种专门的治疗方法。

---

① 周艳. 中小学生手指自伤行为的现状与干预研究[D]. 宁波:宁波大学,2014.
② 尤金姑. 心理咨询的诊疗方法探究——以特定恐怖症的心理诊疗为例[J]. 现代职业教育,2016(35).
③ 李先锋. 相信这一天会为你来临——大学生第三状态的系列心理咨询方案[J]. 心理世界,1998(06).
④ 马鹰. 论教师人格在学校心理健康教育中的特性及作用[J]. 太原师范学院学报(社会科学版),2006(02).

二、 目标与价值

（一）减少症状的反复，提升自尊，维护心理健康

支持性心理治疗的目标除了上述所说辅助患者降低复发或恶化的可能，增强应付现实的能力和作为心理治疗前的基础工作外，有学者认为"（支持性心理）治疗目标是维护或提升来访者的自尊感，尽可能减少或者防止症状的反复，以及最大限度地提高来访者的适应能力"。① D. N. 尼尔森（D. M. Nielson）和 A. 梅榙（A. Metha）的研究发现，"父母的支持与青少年在自尊量表的绝大多数维度上的得分有密切的关系。"②很多学者认为支持性心理治疗之所以有效的主要机制在于能提升来访者的自尊。自尊（self-esteem），也称为自我价值感。笔者在实践中发现有大量学生的心理问题与自尊有关，学生有好的心理支持就有高的自尊，心理也就相对更健康。

（二）降低焦虑，改善抑郁，提高人际适应能力与幸福感。胜利和许又新研究认为："支持性心理治疗能降低术前焦虑，提高无并发症者满意程度，但对躯体预后无直接影响。"③温州康宁医院临床心理科宫本宏等学者在中国心理卫生协会成立30周年纪念活动暨第八次全国心理卫生学术大会上报告了《支持性心理治疗在留守老人心理健康中的应用》，他们的研究认为："支持性心理治疗能明显改善社区留守老人的心理健康状况及提高幸福感，能有效促进社区留守老人身心健康。"有研究认为："支持性心理疗法不仅能够提高手指自伤行为学生的自尊感，尽可能减少手指自伤行为的反复，还能够有效地提高学生的人际适应能力，是一种非常有效的治疗方法。"④

（三）支持性心理治疗的适用范围很广，特别是适用于那些不适合表达性心理治疗的患者。有研究认为，原始防御占主导（例如投射和否认）；缺乏建立相互关系与互惠的能力；无内省能力；因为严重自恋或自闭导致自我无法与客体分离；情绪调节能力不足，尤其是较具攻击性；躯体形式问题；与分离和个体化问题相关的过度焦虑及分离焦虑等不适合表达性心理治疗的患者是更适合于支持性心理治疗。即使是适合表达性治疗的功能较好的患者，支持性治疗同样能减轻

---

① 周艳. 中小学生手指自伤行为的现状与干预研究[D]. 宁波：宁波大学，2014.
② 张文新，林崇德. 青少年的自尊与父母教育方式的关系——不同群体间的一致性与差异性[J]. 心理科学，1998 (6).
③ 胜利，许又新. 围术期焦虑及干预[J]. 中国心理卫生杂志，1997(03).
④ 周艳. 中小学生手指自伤行为的现状与干预研究[D]. 宁波：宁波大学，2014.

其不适主诉和改善其精神症状。有学者提出矫正疑心性格应到专业心理治疗机构进行支持性心理治疗，"医师在耐心倾听患者陈述与仔细检查之后，以事实证明所疑之事缺乏根据，切忌潦草检查与简单解释。如果患者病情较重，则应在支持性心理治疗的基础上进行催眠暗示，有助获得理想疗效。患者的亲人应给予尽可能多的宽容和理解，在他面前说话做事要坦诚自然，尽量避免对其产生不良刺激。"①

三、 方案与实施

支持性心理治疗作为辅助治疗或者综合治疗中的一种方法，是怎么实施的呢？下面我们从几个例证中了解它的治疗方案与实施。

有学者提出支持性心理治疗的做法是："主诊医师和患儿谈心，通过鼓励、安慰、保证和暗示来鼓励患儿树立克服不良行为的信心，逐渐克服不良行为。每周1—2次。主诊医师通过向患儿父母（亲）详细询问病史，了解患儿在家及学校的表现。针对每个患儿的具体情况对家长进行具体指导，使家长配合治疗。"②有学者采用实验研究，干预组采用支持性心理治疗，提出"从见病人时起直至出院，治疗者参加外科查房，了解病人病情，每日访视至少两次，倾听主诉，适时预防性提供有关手术必经痛苦的规律，指导术前准备及术后康复，协调医患及患者与家属关系"。③ 他们主要是通过语言，向他本人或他的父母了解情况并给予指导，以帮助患者改善人际关系，获得心理支持。有学者提出："家长根据孩子的不同情况和表现，有意识地灵活采用支持性心理治疗的干预措施，如表扬、保证、鼓励、合理化和重构、建议、预期性指导、减轻和预防焦虑、拓展患者的意识等。同时，对于年龄较大的学生，家长应对其讲解心理卫生知识，使他们对手指自伤行为的病因和危害有足够的认识，起到自我监督的作用。"④可见，家长在支持性心理治疗中的作用，很多学者都认为家长是可以做好心理支持工作的。

有学者在研究中较详细地制定了支持性心理治疗方案，具体是："（1）鼓励艾滋病儿童积极与其他病友进行沟通交流，指导艾滋病儿童在 QQ 群里与患者进

---

① 王致诚.《疑人偷斧》也是一种病[J]. 心理世界，2006(09).
② 梁星群等. 心理治疗儿童注意缺陷多动障碍的疗效观察[J]. 中国儿童保健杂志，2005(01).
③ 胜利，许又新. 围术期焦虑及干预[J]. 中国心理卫生杂志，1997(03).
④ 周艳. 中小学生手指自伤行为的现状与干预研究[D]. 宁波：宁波大学，2014.

行交流,进行同伴教育,帮助患者建立社会支持系统,增强患者对抗疾病的信心,提高治疗的依从性。(2)在第一次面对面干预过程中,告知患者家长患儿的基本情况,寻求家长的配合,告知家人的支持对患者的重要性,鼓励家人给予他们提供持续的照顾和情感支持。(3)在每次干预过程中,要充分理解和尊重艾滋病儿童,给予其心理支持和安慰,树立战胜疾病的信心。"①该方案中,通过同质伙伴的力量以及关系的调整,寻求家人的支持与照顾,医生的尊重与关怀,建立全方位的社会支持系统。有学者通过一对一面谈的形式,每周1次,每次50分钟对PTSD(创伤后压力心理障碍症)患者进行支持性心理治疗,具体为:"第1次,目标是建立关系,主要内容是收集患者资料,细听患者讲述创伤事件经过,了解患者情况,建立信任关系。第2次,目标是制定计划,主要内容是进一步巩固信任关系,与患者协商治疗目标及计划,向患者讲解支持性心理治疗原理。第3—5次,目标是支持与鼓励,主要内容是支持与鼓励患者,并告知患者家属理解患者并给予支持与鼓励,重拾信心和希望。第5—7次,目标是调整看法,主要内容是调整患者对创伤事件的看法,使其接受不可预知的事件。第8—10次,目标是善用资源,主要内容是教会患者善于利用周围一切资源,在条件允许的情况下可以改变环境生活。第11—12次,目标是适应环境,主要内容是鼓励患者适应现实环境。"②该方案是一个较完整的支持性心理治疗方案,与其他治疗是类似的,目标清晰,步骤完整。

第三节　心理支持技术

心理支持是一种重要的心理咨询与治疗技术,许多心理咨询与治疗理论都强调这一点,特别是完形治疗。有学者甚至认为,"这种方法不需要经过特殊的培训,所有的医护人员都可以使用,目的是为了减轻患儿的情绪问题和维持正常的心理和社会适应功能。"③心理支持技术主要有自我支持、他人支持与环境支持。

---

① 张晓庆.广西就诊艾滋病儿童心理问题现况及个体化心理干预的研究[D].广西:广西医科大学,2018.
② 陈芹.支持性心理干预和综合干预方法对PTSD患者的疗效观察[J].中国健康心理学杂志,2019(07):961—965.
③ 秦立梁,华建芳.支持性心理治疗技术在儿童护理中的应用分析[J].护理实践与研究,2011,8(08):106—108.

一、自我支持

"完形心理疗法主张通过增加对自己此时此地躯体状况的知觉,认识被压抑的情绪和需求,整合人格的分裂部分,从而改善不良的适应。完形心理疗法认为,一个身心健康的人往往能敏锐地察觉自己的躯体感觉、情绪和需要,从而妥当地组织自己的行为,使自己的情绪得到宣泄,需要得到满足,身心功能得到正常运转。"①完形心理疗法认为,支持是健康不可或缺的基础,它是自我支持与环境支持的整合。个体在与环境的互动中,如何有选择地用好自身内外部资源、获得自我支持与环境支持、维持自我与他人之间的平衡对人的健康是非常重要的。

(一)躯体性支持:自我支持中的基本要素。完形心理疗法关注此时此地,咨询师可以引导来访者关注此时此地的躯体状况,采用调整自己的呼吸或坐姿,体验所带来的不同感受,加强对躯体的觉察。

(二)语言支持:自我支持中的关键技术。心理支持技术是不同于表达性治疗技术的,语言是心理支持技术的关键。完形治疗时,要帮助来访者注重他所说的话的个人意义,采用负责任的方式说话,以建立自己的主动权。例如,鼓励来访者使用"我"开始的句子而不是"你"或"他";把被动句改为主动句。说话时"去个人化",探索他这样说话的个人独特意义,改变说话时的语句与语气,识别自我陈述时的消极思维。可以采用自我对话,这是一种自己说、自己听的自我沟通过程,一个人对自己说的话决定了他要做的事。当自己认为受到他人的轻视,感到无价值时,可以对自己说"这样看有什么证据"、"对这件事有无其他解释"。当有多项任务造成压力以至于感到无所适从时,可以对自己说"一步一步去做"、"一件一件去做"。当遇到失败,认为结果无法挽回时,可以对自己说"这不是最后一次"。

(三)想象支持:自我支持中的暗示力量。有时,可以通过想象来获得心理支持,如想象一个支持你的人,同学、朋友、家人等都可以。想象这个人,是因为他能够给你支持,或曾经给你爱的需要。当你遭遇困境时,想象一下他此时会对你说什么。

完形心理疗法认为,自我支持与环境支持都是重要的,但发展自我支持是支持技术的核心。在发展环境支持时,要注意避免过度依赖环境。一旦来访者过

---

① 吴艳玲. 心理引导技术在德育过程中的应用研究[D]. 武汉:华中科技大学,2005.

度依赖环境支持,咨询师要注意不能直接拒绝来访者不适当的要求,重要的是发展他的自我支持。

积极心理治疗也非常关注自我支持的力量。有学者认为:"积极心理治疗的第一个机制是力量外化和行为化。增加来访者对自身力量的认识,鼓励并帮助他们以最好的方法运用自己的能力,并将这些能力更有效地运用到工作中以推动任务的完成。另一个机制是强调来访者将优势作为一种方式,去从事有意义的工作,获得更多的流畅感,产生积极向上的精神和情感。"①可见,积极心理治疗是通过认识自己的力量所在,发挥自己的优势力量,产生积极的向上力量来达到心理支持与治疗的效果。

二、 他人支持

有学者认为,"支持可由许多方式提供,最普遍的方式包括倾听、触摸、陪侍在侧,其中触摸、陪侍在侧对儿童最有帮助。在临床护理工作中应针对不同年龄、不同心理的儿童患者采取相应的支持技术,满足他们心理情感的需要,从而促使他们主动积极地配合治疗。"②最常用的技术有倾听、释意、鼓励、安慰、指导等。

(一)倾听

对于倾听,很多学科对此都有研究。有学者提出,"倾听是接受口头语及非语言信息、确定其含义和对此做出反应的过程。"③积极的倾听应该是观察和觉察来访者的非语言行为,包括姿势、面部表情、举动、语调等;要理解来访者的言语信息;要倾听整个上下文,即联系其所生活的社会环境,对整个人进行倾听;要能够倾听那些不太妙的言论,来访者所提到的也许是需要受到挑战的东西。有学者认为,"首先,在倾听过程中,倾听者接受的内容包括言语信息和非言语信息。耳朵是我们倾听的感觉器官之一,言语信息只是倾听的一部分,我们还可以通过视觉器官来取得非言语信息,比如说者在说话时的神情、肢体语言等。其次,整个倾听过程包括接受、注意、理解和反馈环节。接受过程中倾听者获取言

---

① 曹新美,刘翔平. 从习得无助、习得乐观到积极心理学——Seligman 对心理学发展的贡献[J]. 心理科学进展,2008(04):562—566.
② 陈萍. 支持技术在儿童患者心理护理中的应用[J]. 当代护士(学术版),2004(02):57—59.
③ 董服相. 老师要学会倾听[J]. 现代教育科学,2010(5):55.

语信息和非言语信息;注意环节,倾听者对获取的信息进行筛选并集中感知;之后倾听者解读信息,理解和解释所听到的内容;最后,听者与说者交流、反馈,确认自己所获信息的准确性、真实性。"①倾听时不随意插话,不乱加评论,以保障来询者完整、连贯地表达个人的思想与情感。

倾听是心理支持技术的核心。倾听不是一般意义上的"听",它不仅仅是接收到声音,而且要尽可能地了解其意义。倾听的目的在于使来访者愿意畅所欲言并且产生一种"被理解、被接纳"的感觉。有学者认为,"(1)倾听患儿宣泄,宣泄即允许患儿把压抑的情绪尽可能无顾忌无保留地流露出来。(2)倾听可以及时发现患儿的心理问题,如焦虑或恐惧等。在倾听的过程中应该注意的一些问题:(1)距离。应与患儿保持1 m左右距离,过近会让患儿紧张,过远会让患儿感觉你对他不感兴趣。(2)体位。应正面面对患儿。(3)眼神。在倾听的过程中应注意与患儿适时地进行眼神的交流,但要注意避免眼睛死盯住患儿,这会使患儿紧张。(4)反应。在倾听的过程中应适时地做出反应,如"哦"、"是"等,反应应该是肯定的,应该在一句话或一段话后做出,以免打断患儿的讲述。"②在倾听过程中要经常给自己提出以下这些问题:当事人表述的核心信息是什么? 当事人贯穿始终的倾诉主题是什么? 当事人的主要观点是什么? 对当事人来说,最重要的是什么? 当事人想让我理解的东西是什么?

(二) 释意

有时候,当事人的叙述啰啰嗦嗦、琐琐碎碎,自己都觉得不知道在讲什么,更不清楚自己问题所在,或者当事人不愿意或不能意识到问题的关键,这时需要咨询师给他一些心理支持,使当事人对事件以及自己的说话进行条理化,此时需要进行释意。在咨询的每一阶段都要进行释意,释意是一种重要的支持。当当事人有疑问,特别是有恐惧心理时,要耐心细致地解释清楚。解释要因人而异,有针对性地进行,帮助当事人建立信心。释意是针对当事人谈话中的主要内容,以自己的语言,把当事人的主要思想与语言加以综合整理,再反馈给当事人,即把口述内容作高度归纳,不加入任何个人想法和理论观点,重新将它表达出来。理查德·班德勒和约翰·葛瑞德提出:"主要是通过侦察出受导者说话中某些模式的出现,运用询问的技巧把它产生的过程还原,从而导致困扰的深层结构资料呈

① 田意. 小学语文教师倾听个案研究[D]. 杭州: 杭州师范大学,2017.
② 秦立梁, 华建芳. 支持性心理治疗技术在儿童护理中的应用分析[J]. 护理实践与研究,2011,8(08): 106—108.

现出来。"①最有效的方式是引用当事人叙述内容中最重要的字语,如来访者说"张同学常常针对我,让我难堪",咨询师就可以说:"是张同学故意让你难堪吗?"

释意的作用在于可以让当事人了解咨询师已经听懂了他传递的信息,可以帮助当事人对自己的问题有一个清晰的认识,可以帮助咨询师"核对"是否听懂了当事人讲述的内容以避免偏离会谈的方向。例如,"你的意思是……","我觉得你……","根据你的看法……","可能你认为……","根据你的经验……","我不敢十分确定,你的意思是不是……","我得到的印象是……","……这是你的感觉吗?"咨询师在释意前,要想想当事人告诉了我什么,这些信息中有什么重要的事实、情境、人物、事件、关键词语等;在释意时,用自己的语言表达出来,可以重述关键词语;在释意后,注意观察当事人的反应,以判断自己的释义是否符合他的实际,以作出及时调整。当然,释意并非是一成不变地把当事人的话重复一遍、鹦鹉学舌,更不是咨询师用自己的主观观点进行表示。释意是一种抽象的反馈,是通过内容反馈做到释意的,也就是运用释意的技巧将当事人说过的话加以分析、评断、阐明,并正确地表达出其思想与观念。

释意可以用来访者说过的词,再造一句,造一个对他有心理帮助的句子,回馈给他。此时,他会觉得这句话特别熟悉亲切,忽然觉得原来我自己说过的话这么有道理,从而起到心理支持作用。

(三) 鼓励

如果当事人是犹豫地或被动地应其他人要求来咨询时,或者当事人正在考虑如何从一堆乱麻之中理出头绪,以便表达其想法时,要尽可能发挥鼓励的独特作用。鼓励的作用在于能给予当事人以温暖,让他愿意进一步阐明自己的想法,探讨某个重要的话题,引导咨询谈话的方向。有时候,当事人觉得没有什么话可说了,就会出现暂时沉默现象,咨询师可以用鼓励的方式让他继续往下说。有时候可以仅仅是以重复语句作为鼓励对方继续下去的一种回应,说明对当事人所说的话,特别是对关键词语的重视,从而达到引导当事人谈话向深入发展的目的。

鼓励不是一种激励或表扬的德育方法,实际上是一种参与式倾听,通过这种参与式倾听给来访者以心理支持,并能促使讨论继续下去。鼓励要有事实根据,

---

① 吴艳玲.心理引导技术在德育过程中的应用研究[D].武汉:华中科技大学,2005.

不可信口开河,否则不会有作用。有经验的咨询师,会选择恰当的内容反馈给当事人,引导他按照鼓励的方向叙述内容,暴露问题。有时,借助鼓励技巧,可以使谈话转入不同的话题,不同的话题可能影响着咨询的深度,咨询深度也可以反映出鼓励程度。除了语言之外,专注的神情、倾听的姿势以及点头示意等体态语言也是鼓励的手段。

(四) 安慰

当人遭遇挫折或灾难时,最需要的莫过于他人的安慰、同情与关心。安慰是当人处于困境时急需获得的一种心理支持,以求解决问题,度过危机。安慰作为一种心理支持方法,与日常生活中的安慰是有所不同。例如,当灾难来临时,不宜说"我理解你此时的感受","你要坚强起来","请告诉我,我可以为你做些什么","不怪你,都是他不好"等,这样的安慰只是礼节性的、空洞的、不适当的安慰。好的安慰是能够打动人心,给人以力量的,例如,"遇到这样的事,我们每个人都是需要帮助的,需要什么就说出来吧","你可能会经历一段艰难的时光,但会慢慢好起来","可能的话你,多找人聊聊吧"等。

(五) 指导

心理咨询与治疗中有非指导性和指导性之分,也有专门的指导技术。从指导技术上看,有建议、暗示、引导、自我表露等,帮助来访者理清思路、正视自我、深入思考并作出必要的决定。指导是直截了当地帮助当事人改变,它是咨询师根据来访者求助的问题予以直接的指示,直截了当地告诉当事人应该怎么说或者怎么做。指导不是教导,更不是命令,重在协助而非替代,不必追究问题的性质,而只需注意解决问题的方向。指导只有在良好的咨询关系建立起来之后才可使用,语气必须是真诚和深切关注的,切忌刻板、冷漠、程式化、教训式的口吻,目的在于鼓励当事人作进一步探究,以协助他独立解决问题。

三、 环境支持

积极心理学对于心理支持有许多研究,其中最重要的是关于积极环境的研究。积极心理学有三个研究领域:人的积极特征、积极的团体和社会制度、积极的情绪和情感。对于积极的团体和社会制度研究,主要是研究"如何建立民主的社会制度体系、有效健全的家庭功能和自由探索的环境及积极和谐的社会团体,为个体积极特征的培养和发展提供良好的环境和资源……"①积极心理学注重人与环境的关系,认为人的行为以及积极品质的形成都离不开环境。北京师范大学课题组曾提出"安全与秩序"、"接纳与支持"、"自主与合作"、"公平与正义"的学校积极心理环境的指标体系。2014 年,"北京师范大学中国基础教育质量监测协同创新中心发布了《义务教育阶段学校积极心理环境指数》,数据显示我国 11%的中小学校处于'心理环境预警线'之下,在学校纪律秩序管理、师生关系、同学关系、学生自主发展等软环境指标上存在突出问题。研究首次提出了'学校心理环境预警线'概念,通过对全国 31 个省市区、100 个区县、600 多所学校的抽样调查,建构了'心理环境指数',即是将学校积极心理环境指数由低到高分为 1—9 级,调查发现 1 级和 2 级的中小学在学业、心理健康、学校满意度等方面都存在高风险,因此将 2 级设为'预警线'。"②该研究表明,每所抽样学校,对学生的"接纳与支持"和"鼓励自主与合作"均是学校心理环境的"短板"。环境支持的两方面都需要引起重视,一是营造良好的社会支持环境,二是帮助对可利用的内外资源进行分析,最大限度用好环境"资源"。

完形心理疗法认为,心理支持是自我支持与环境支持的整合。他们认为,环境支持技术主要是帮助当事人寻求场的支持,这是最简单的办法,可以鼓励当事人想想自己是如何利用现有的环境场的资源的,如自己的家庭、朋友、同学、班级等资源。也可以让来访者画一张社会支持网络图,把自己放在里面,画出支持他的人、行为、环境等,把最可靠的支持性因素画在内圈,依重要性大小依次向外圈扩散。接下来可以请来访者自己制作一张饼图,分别标示出自己每天独处或者与可用的支持资源(人)在一起的比例,看是否有需要调整的地方。还可以对可支持的资源进行一个评分,寻求到重要的环境支持资源,这是评估危机情况的重要内容之一。当然,要特别提醒当事人,咨询师就是你非常重要的支持,特别是处理自杀危机干预时,有想不开的时候一定要先联系咨询师。

① 曹新美,刘翔平.从习得无助、习得乐观到积极心理学——Seligman 对心理学发展的贡献[J].心理科学进展,2008(04):562—566.
② 高靓.11%中小学处于"心理环境预警线"下[J].中小学德育,2014(06):94.

第三章　个体支持实务

第一节　个别面询

　　个别面询是学校心理咨询师与来访者一对一、面对面的咨询服务,它是对有困扰问题学生最直接的心理支持。一般而言,如果学生有困扰,他可以寻求身边人的帮助,如老师的专业指导、同学的经验教训、朋友的情感抚慰、家人的安慰帮助等,然而,事实是年龄越大越不太愿意向人敞开心扉。这时,学校心理辅导老师就是一个不可或缺的心理支持,因为学生知道心理老师是会为他保密的,向心理老师寻求帮助是最安全之举。下面是我的一篇咨询手记。

焦虑与抑郁情绪交织的高三学生的咨询手记
"我担心我会因生病而早死!"

　　几年前的2月中旬,那是个乍暖还寒的季节,记得是星期五的第三节课,我正好空课,高三学生小海(化名)按照事先约定的时间,来到了心理咨询室。在这之前,他曾通过手机短信联系我,他在手机信息上说,他很着急,想和班主任请假一节课,前来心理咨询室。他身高约1.75米,体形中等偏瘦弱,清秀,皮肤白皙,但是头发留得过长,遮住了眼睛,表情很是愁苦。待小海坐定后,我简要介绍保密原则,接着我问:"有什么事情想和我说说呢?"他轻声说:"从这周周一开始,这几天,我都很担心自己的身体,担心自己会寿命不长,会因生病而早死……我不时会冒出这样的想法,我和我爸说过了,他说我身体健康的,不会的,但我还是很担心,昨天去医院做过一些检查,也说身体没问题。"我问:"当得知检查结果后,心情怎样呢?"小海说:"当听到结果正常,那时是轻松了,但还是很担心自己身体会不好,总这样想的话,会影响学习,不久要高考的。"我回应道:"虽然检查说你身体正常，但你还是很担心自己会早逝，虽然想着不要总是去担心，但却做不到，心里很是着急，是这样吗？"他说："是的。只有不去担心身体，我才能静心学习。"我说："看来你还是在乎学习的。"他答道："那是自然的，高三了，不久就要高考了。"（他再次提到"不久要高考的"，是否说明高考是他的关注点？）我问："不久要高考了，还有多久呢？"他算了一下，答道："100天左右。"我说："100天左右，说短也短，说长也长。如果你是在读高一，发生担心身体的事情，你也会这样担心吗？"他微微一笑，说道："那才不会，那时离高考还远的，老师，你也许知道，我高一高二都爱玩游戏，不努力学习的，有时作业也不交的。"

　　通过与小海的交谈，我了解到，小海在高一、高二学习一般，很喜欢玩游戏。进入高三，学习发奋努力，与游戏"绝交"了，学习进步很大，同时在其他方面如人际交往、行为规范，也有了进步。在高三第一学期的后半学期，成绩进步明显，在所有选某一门学科的一百几十位同学中排20名左右。我对小海的进步表示赞许，接着说："是不是说，因为是高三了，且是高三下学期了，你有些担心因为自己担心身体而影响成绩？"他表示同意。我说道："也许你的焦虑不只是担心身体？"他说："您是说也许还有是因为高考压力？我不觉得自己担心高考。"我说道："担心身体只是表现，更主要的担心是对已有进步的丧失的担忧，不知你能接受吗？"他有些疑惑，重复道："已有进步的丧失的担忧？"我说道："就好比打仗，已经胜利在望，特别不想节外生枝。"他说："嗯，我特别希望自己能顺顺当当地读完高三，考取我理想的大学，以我现在的成绩，是很有希望考取，只是这几天老想着身体，而不能集中精力学习，这样下去，肯定会影响高考的。"

　　小海为什么会特别担心自己的身体呢？原来小海在初二到初三有进食障碍，开始时想减肥，有意少吃东西，发展为厌食症状，后又出现暴食行为，吃很多食物再自我催吐。在初二时曾吃过一段时间的药，觉得药效不明显，就擅自停药了。到高中后，考入一所新的并且是自己理想的高中，他对进食进行了合理控制。不知不觉中，高一结束时，暴食行为很少出现，高二时，基本控制了自己的过度进食行为。他沉湎于游戏的时间很多，与同学交流较少，性格孤僻，好在人很聪明，所以虽然花在学习上的时间比一般同学少了很多，但成绩可以维持中等。以前他不担心暴食行为对身体的影响，但在来心理咨询室前的几天，他开始担心以前自己的暴食行为会影响肠胃功能，进而可能会得这方面的病甚至癌症而早逝。

　　小海为什么从周一起开始担心身体呢? 在这之前发生过什么特别的事吗? 这也是我第一次与小海面谈时的一个关注点。我把我的疑问告知小海。小海回忆了一下,说:"没特别的事情。"我问:"有没有发生你觉得不愉快的事情呢?"小海:"周一得知上周五的测验成绩,心里当时有不快,但成绩也没退多少,也没特别沮丧。但这以前我成绩一直是在进步的,这次却有些退步了,真的有点担心自己会走下坡路。是的,那时一念之间,我想起以前自己的暴食,开始担心自己的身体。原来以为想想也就会过去,但没想到的是,一直几天了,自己还在担心身体。这几天总想控制自己不去想,但越想控制,越是会去想,觉得自己着魔了或被诅咒了! 我该怎么调整呢?"我说道:"先做个活动,也许你会有所悟的。"我请他调整呼吸,让自己放松,然后想象一头粉红色的大象,想象出画面后,然后对他说:"请你不要想粉红色的大象!"并问他:"你想到的是什么?"他快速答:"粉红色的大象。"我有意提高声音说:"不要想粉红色的大象!"他说:"我想到的还是粉红色的大象!"他紧张地问:"老师,我有问题吗?"我回应道:"没问题,你的反应很正常,这个活动,你知道我想提醒你什么吗?"他终于第一次露出笑容,说:"是说越不要自己去想,越会去想。"我说:"你悟性很好啊,所以我们不如反其道而行之,要想就让自己想个清楚,可以把你想的东西写下来,自己做分析,可以分析这样想的理由,这样想会给自己带来什么,可以怎么调整。总在脑子里想,往往会越想越乱。可以做的是顺其自然,活在当下,为所当为。"我接着简要介绍了森田疗法的核心思想。听着我的解释,小海不时点头,他表示愿意去试试,同时我以他的暴食行为的控制为例,鼓励他看到自己有调整的力量。

　　一节课的时间很快过去了,我与小海约定,请他过几天后,记得把自己的情况告知我。大约五六天后,我收到小海的手机信息:"老师,我心情改善很多,多谢老师!"在这之后的大约第二天,我向班主任了解情况,班主任也说:"这星期正常了。"我心里轻松了,以为他的"心病"已好了。只是没想到的是,在这之后的大约 20 天后,我又收到了小海的手机信息。

"老师,你觉得生活有意思吗? "

　　记得那天是周日,不巧的是那几日,我正好重感冒,那天下午一点半左右,我收到了小海发给我的信息。小海:"老师,你觉得生活有意思吗?"我一看信息内容,心一下子提了起来,赶紧回复:"我觉得生活有意思,因为生活中有许多变数,充满了希望;生活中除自己之外,还有重要他人。比如我一向自认为身体不错,这几天我重感冒了,希望自己感冒赶紧好起来,好好生活! 你怎么看你提的问题? 你现在在做什么? 心情怎样? 有些担心你。"等了十几分钟,还未收到小海的回复,我犹豫着是不是要联系学校政教处,问问小海家里的电话,担心有意外情况出现,这时听到手机信息到达的提示音,是小海的信息:"朝晖夕阳,莫说现在的生活一成不变,想到日后的生活更是既定,愁绪萦绕不散。"

以下是我和小海通过手机信息交流的一些话语。我:"对于你说的这点,我想是否可以在不变中找变化? 我觉得生活还是有许多变数的。"小海:"自己是个乐观的人,为什么最近总是那么忧愁呢? 好像没有什么事情能让自己开心,我骗自己说很快乐,但是依旧才下眉头,却上心头。"我:"情绪总是会有变化的,要允许自己会有不快乐的时候,你看到我时,可能觉得我很快乐,但却没看到我不快乐的时候。"小海:"睡觉没有忧愁,却苦于高考,逼自己爬起来,这是惰性吗?"我:"我更认为是你内在的积极力量,人在情绪不好的时侯,更要做一些事情。"小海:"高考和以后的生活也似乎不再对我有什么很强的吸引力……老师,你有过?"我:"老师也有过,只是会想着,要好好活着,生活不仅仅是自己的生活,我要为那些牵挂我的人好好生活。另外,从你手机信息的文字上看,老师觉得你很有才的!!!"小海:"谢谢老师的开导和夸赞,我以后假如心情不好,就让自己忙于学习,希望我的心情能有所改变。"我:"是的,忙于学习或做自己喜欢的事情,让自己动起来,有利于调整情绪。"小海:"另外,有一点我不明白的,如何在生活中寻求变化? 老师,你是怎么做的呢?"(看到小海开始关注如何改变,我稍放心了些,觉得他的抑郁还不是很严重,目前至少不会有极端行为)我:"比如,我坚持晚饭后在小区附近快走这件事,从大处看,就是重复做一件事情。但我有时想着今晚用 25 分钟是否能正好走完呢? 然后实践它。或者想着会在走的过程中看到有趣的事或人吗? 什么时候那棵树上的花会开呢? 通过寻求变化,留意变化,来提高生活的乐趣。不知我这样解释,你清楚了些吗?"小海:"我明白了。大致能懂您的意思……谢谢老师,先尝试看看能不能有所好转。应该可以的……"我:"正如现在的天气是阴天,但我相信总有放晴时,我们的心情亦然,相信你能调整好心情,迎来晴天!"小海:"一定!"我:"一定! 建议你记录生活中,也包括学习、交往中使你感到快乐或愉快的事情,记一个星期,你会发现生活的更多乐趣!"小海:"好的,我先试试看……"

这次手机短信的交流是我与小海咨询过程中借用手机信息沟通这种方式持续时间最长的一次,持续了近两个小时。在手机信息交流要结束时,小海与我约定,下周一中午再前来心理咨询室详谈。

"我努力吧！　笑起来也许会很难看的。"

第二天中午,小海如约前来,他坐下后,有些不好意思地说道:"老师,又来打搅您了。"我表示没关系的,并鼓励他说说周日怎么想起发信息给我的。他说,当时他已完成了老师布置的所有作业,就又开始胡思乱想了,又开始担心了……他停了一下,欲言又止,我用鼓励的眼神望着他,他问:"老师,你会保密的,是吗?"我说:"是的,除非是例外情况,如来访者有自杀倾向或明显的精神疾病等。"他说:"我已有女朋友了,高三开学不久就谈的,是班里的同学,我是认真的。那天我不是担心自己的早逝问题,而是担心我女朋友的身体,她高二时曾做过一个手术,虽然手术很成功,不会对以后的生活产生影响,但我还是很担心,想着她会早早死去,担心也许以后两个人身体都不好,就觉得活着很没意思。人总归是要死的,干嘛要那么自我克制,那么努力学习,说实话,如果不是为了高考,我不会只是一天到晚做题的,这样想着就觉得现在及将来的生活都没意义,情绪特别低落,所以昨天下午就发信息给你了。"是啊,人为什么要活着？ 这可能不仅是小海,也是不少和小海同龄的人都会思考的问题。我请小海写写自己活着的理由,开始他有些费力,但写着写着迅速起来,他写下了 11 条理由,我请他大声念出他写的文字,念着念着,小海越来越投入自己的感情,他发现有不少好理由支持自己好好活着,如大学学自己喜欢的专业,之后干出一番事业;为养育自己的父母;为自己喜欢的游戏;结婚、成家……

根据对小海的了解,我发现他有强烈的想改变的愿望,且有能力使新的改变发生,再考虑到已是高三下学期,他的学习时间紧。因此我考虑在接下来的咨询中主要采用短程焦点解决的方法,咨询的重要任务就是帮助他想象希望事件发生怎样的变化,有必要做些什么才可以达成目标。我询问了小海昨天发信息给我时的情绪,请小海用"1 至 10"表示自己的情绪,1 表示很不高兴,情绪很低落,10 表示很高兴,小海给出的评定是 1 分。接着询问他来咨询前上午的情绪状态,他给出的是 2 分。我询问小海,从昨天到这次咨询前已经尝试做过哪些努力及其效果如何。小海告诉我说,他试着写下使自己感到快乐的事情,写下后心情当时要好些,但不持久,他还尝试让自己投入学习中,效果很不错,我一边对他的积极尝试表示肯定,同时鼓励他坚持积极的改变。然后,帮助与引导小海澄清咨询目标。开始时,小海期望的咨询目标是每天都能快乐地学习、生活,不会有焦虑、抑郁的情绪出现,后来通过交流,他意识到这样的期望过高,最后协定了以下的咨询目标:大多数的时间能以较平静的心情进行正常的学习、生活。与小海商定了咨询次数大约 5—7 次,并约定了咨询时间。

在这次面谈中,为推动小海的新改变,我采用了"奇迹式询问"的技术。我说道:"我有一个奇特的问题想问你,也许带有某些想象成分。请你闭上眼睛,调整你的呼吸,你准备好了吗? ……让我们假设,今天你结束了这里的会谈回到班级,做着你平时所做的事——上课、课间与朋友闲聊、傍晚放学回到家里、吃晚饭、做题、复习功课……然后,睡觉时间到了,你上床睡觉了。很快就睡着了……就在你睡着的时候奇迹发生了,这个奇迹就是,在这里困扰你的问题突然解决了。但是你不知道它已经发生了,因为你还处在睡眠状态,懂吗? 于是,当你第二天早晨起来的时候,你最先注意到的那件小事情将会是什么? 它会告诉你事情已经与以往不同了。"小海轻声道:"我会看到早上起来的自己的心情是轻松的。"我问:"那你的表情会是怎样?"小海:"略带笑容的那种。""那明天早晨试着在镜子里看到略带笑容的自己,愿意试试吗?""我努力吧! 笑起来也许会很难看的,我妈妈说过我笑起来不好看的。""笑比愁好,我见过你的笑容,那是专属于你的笑容!"我鼓励他在接下来了的一周,早上起来试着给自己一个笑容,记录使自己感到愉快的事情或瞬间,把注意力放到学习上,并建议他在下周见面前每天睡觉前在十点量表(1 表示很不高兴,情绪很低落,10 表示很高兴)上对自己的情绪给予评定。

"我是那棵矮矮的针叶树。"

一周后,小海第三次来到辅导室。小海告诉我这周他的情绪自己评价有四天是 3 左右,有一天是 3—4 之间,有两天是 2 左右。我肯定了小海的进步,并请他告诉我,他做了哪些改变使得情绪变好些了。小海说,他记了使自己感到愉快的事情或开心的瞬间,记了四个;会努力把注意力放到学习上;早上起来会试着给自己一个笑容,但有时就是笑不出来。

在这次与小海会谈前,我思考了一个问题:小海曾经的暴食行为和最近对身体的过度担心是否与内心对自己不够悦纳有关呢？小海也许在某些方面有些自卑。阿德勒曾说过："每个人的心里都有自卑的角落。"小海的自卑可能是哪些方面的呢？还可以用什么方法帮助他做好自我调整呢？在与小海的这次咨询时，我试着用自我意象的方式了解小海的内心。我请小海闭上眼睛，引导他做了几次深呼吸，然后请他根据我的指导语，告诉我他看到的一些画面。以下是我和小海的一些对话。有些句子中括号里的内容是我的一些分析。

我："想象你离开心理咨询室了，你沿着一条路往前走，你走的路是怎样的一条路呢？"小海："一条笔直的水泥路。"（对自己的未来该怎么走有清楚的看法）我："好的，你一路往前走，路边有些什么呢？"小海："有很多树，两边都有。"我："怎样的树？"小海："是针叶树。"我："好的，你来到树林了，请找一棵代表你自己的树。"小海："嗯……，我找不到。"（对自己是怎样的人感到迷茫）我："没关系，放松……你再往前走，看到了一栋房子，你到了这房子的一个房间，房间的光线怎样？"小海："有的地方有阳光，但房间的后部分，没有光线，有点暗。"（房间代表心房，说明有时心态较好，有时会心态较差）我："那你能想办法，让房间更明亮些吗？"小海："我不知该怎么办？"我："是不是可以请人把窗户开得大些呢？"小海："是可以，窗户大些，这样房间就更亮了，嗯，我觉得更亮堂了些。"我："房间里有什么呢？"小海："有一张桌子，桌子上有电脑和一些书，还有一张床。"我："东西摆放得整齐吗？"小海："还好。"我："好的，接着你上楼梯，来到楼上，你看到有张桌子，桌子上有一面镜子，你照了照镜子，看到镜子中的你。镜子里的你表情怎样？"小海："没什么表情，很木然的样子。"我："能不能试着对镜子里的自己笑一笑？"小海："嗯，我试试。"我："那样的话，镜子里的你的表情怎样？"小海："有些笑容，虽然有些勉强。"我："镜子里的你与现在的你相比较，是更小时候的自己，还是与现在年龄相仿的自己，或者是青年或中年或老年的自己呢？"小海："与现在的年龄相仿。"（心理年龄与生理年龄基本符合）我："好的，你离开了镜子，转身离开这个房间，顺着楼梯，往下走，回到变得亮堂些的房间，然后走出房间，顺着来时的路往回走，看到了什么？"小海："树林。"我："再找找一棵代表自己的树。"小海点头道："嗯，我找到了。"我："你怎么知道那是代表你自己的树？"小海轻声说："树上挂着一块牌子，上面写着我姓名。"我："好好看看那棵写有你名字的树长得怎样？与周围的树一般高吗？"小海："不，它更矮小。"（自卑，询问小海，他说主要是对自己的身体、身高感到自卑。他约一米七五左右，高一、高二很喜欢打篮球，觉得自己个头太矮,后来高三学习忙了,体活课打球的时间用在学习上,集合后,自由活动时就回教室学习,最近他想调整自己,又开始打篮球了)我:"那它长得如何? 如树叶怎样?"小海:"树叶还长得不错,与别的树差不多,属于枝叶茂盛的一棵树,但就是更矮。"我:"你想它长得更高大吗?"小海:"想。"我:"现在春天到了,如果它接受到合适它的阳光、养分,它会长得更好,是吗?"小海:"是的。"我:"那你想象自己正给它合适的水分、养料,它长得会越来越好!"我停了大约2分钟,让小海想象针叶树的成长。我:"接下来,向写有你名字的树木告别,对它说'我相信你会茁壮成长,明天我会再来看你的'。"小海说:"我相信你会茁壮成长,明天我会再来看你的。"我:"你离开了代表自己的树,离开了树林,来到路上,沿着来时的路,你往回走,你回到了学校,回到了心理辅导室,回到了这里,请慢慢地睁开你的眼睛。"

自我意象结束后,我试着把我的分析与小海分享,把我的分析与他对自己的理解做核实。绝大部分的分析与他对自己的理解相符合,小海清楚看到他的焦虑与他内心的自卑是有密切联系的。接着我还请他用20个词描述自己是个怎样的人,通过描述,引导他从意识层面看到自己的特点,更好地接受自己,爱自己。

这次的自我意象结束后,我建议他每天晚上睡觉前,自己做自我意象,特别要注意做对镜子中的自己露出笑容,开窗让阳光进来和给代表自己的树施养料、水分,树木长得越高大的想象。

"我希望维持在4—5之间或以上的日子更多些!"

在接下来的三次面谈中(每周一次),我与小海的谈话往往从我问"这周来你的情绪怎样"开始,我看到小海的点点滴滴的改变,如笑容增多了,担心、忧虑的时间少了,即使出现担心、忧虑情绪,强度也不是那么强烈,我把我看到的反馈给小海,并请他谈谈他是怎样使自己的情绪变得好些(他说到的一些方法,如在体活课时他恢复了打篮球而不是写作业,还为同学解答难题),我把他的情绪的好转归因为主要是他自己的努力,让他更多看到自己的力量。他连续三周基本坚持每天晚上睡觉前做一次自我意象活动。在进行自我意象对话的第一周,他难以看到镜子中的笑容,我引导他在心理咨询室又做了一次自我意象对话,并有意识地引导他想象在他的书桌旁做自己喜欢做的事情,然后带着轻松、愉快的心情再去照镜子。他想象的画面是看了自己很喜欢的一部电影,他表示这样较容易看到镜中自己的笑容,我告诉他晚上他自己做意象对话时,也可以增加这一画面。在自我意象活动中他看到代表自己的那棵树在成长,与周围的树差不多高了。

到第六次面谈时,他告知我大多数日子他的情绪是在 4 至 5 之间,有时也会在 3 左右,他希望维持在 4 至 5 之间或以上的日子更多些。我说:"那你需要做些什么可以使维持在 4 至 5 之间或以上的日子更多些呢?"他说道:"我觉得日子很单调,总是做题做题,周末也不敢放松,我真的觉得很累,我想周末能休息一下就好了,但又担心一放松,同学就可能超过自己。"对此,我通过与他的交流,让他意识到高三的第二学期的后半期(当时已是四月初)对他而言主要不是拼时间而是效率和调整心态,周末适当地放松,有助于情绪的调整。我与小海探讨了周末可以用的放松方法,如果是玩游戏,他担心会一发不可收拾,他选择了周日如果完成了学习任务,周日晚上就可以看一部喜欢看的电影。在这次面谈时,我有意请小海说说对自己学习成绩的期望,他觉得自己的成绩最近都维持在选某一门学科的一百几十位同学中的 20 名左右,不会有太大的变化,我力图让他看到自己的潜能,他分析了自己四门学科的情况,说到十几名也许是可以的,但进入个位数很困难,因为自己的成绩离名次排前十的同学的差距很大的。我鼓励道:"学习也是有变数的,也许会有奇迹呢!"这次面谈结束时,我考虑到小海的情绪有所好转,和他要迎接联考,建议把咨询间隔调为隔一周一次,他表示同意。

第六次面谈结束后,我又找到他的班主任了解情况。班主任证实说,他这三个星期来,情绪好多了,最近一周看不出与以前有多少不同。班主任还说,他很愿意到心理辅导室来的,有次本来中午有个小练习,他还向班主任请假说与心理老师有预约,希望班主任准假。

尾声

第七次面谈时(距离上次面谈两周后),我看到小海面露喜悦走进心理咨询室。我问道:"有什么好消息要告诉我?"小海欣喜道:"老师,我没想到我的成绩竟然能进入前三名!第三名!而且近两周我觉得自己的情绪完全正常了,与以前一样了。"我分享了他的喜悦,接着,我问道:"你是怎样做到的?"小海告诉我说,他这两个周日都看了一部电影,为了能达成看电影的目的,周末时间抓得很紧,学习效率很高。为了想看看自己能否进入个位数(前 10 名),他全身心投入学习,体活课坚持打篮球,努力做到有张有弛,觉得近两周状态很不错。我鼓励小海坚持能给他带来积极变化的行为,并约定两周后再来。我想着要减少他对咨询的依赖,因为心理咨询的最终目的是助人自助,如两周后情绪正常就结束咨询。两周后,小海如约前来,告知了近两周的情况,虽然有几天情绪会有些焦虑和抑郁交织,但他已不感到害怕,能较好地调整。我肯定他的改变和力量,告知咨询目标已达成,我征得小海的同意,结束了咨询,并表示如有需要,他可以联系我,我会支持他的。小海迈着轻松的步伐离开了心理咨询室。

在接下来的一段日子里(至高考结束),大约每隔二十天左右,我会到班主任那里了解他的近况,得知他情绪正常,能正常地学习、生活、交往,成绩也是稳中有升。在高考成绩出来的那天,他短信告知我他的高考分数,是个不错的成绩,最后小海考取了理想中的大学。在当年教师节那天,我还收到他发来的表示感谢和祝福的短信。我回复道:很高兴收到你的问候,同时祝福那棵代表你的针叶树能早日长成参天大树!

在对小海的咨询案例中,除了采用森田疗法、认知疗法、意象对话等技术外,我觉得心理支持对他的作用是明显的。当他很着急,想和班主任请假一节课来心理咨询室时,我答应了他的特殊需求,给予心理需求的支持。结束咨询时,我对小海表达,如有需要,他可以联系我,我会支持他的。看到他的焦虑情绪,我进行了释意与共情,我说道:"虽然检查说你身体正常,但你还是很担心自己会早逝,虽然想着不要总是去担心,但却做不到,心里很是着急,是这样吗?"当小海犹豫、疑惑甚至不想坚持时,我多次使用了鼓励,如,我以他的暴食行为的控制为例,鼓励他看到自己有调整的力量;我鼓励他在接下来的一周,早上起来试着给自己一个笑容,记录使自己感到愉快的事情或瞬间,把注意力放到学习上,并建议他在下周见面前每天睡觉前在十点量表(1 表示很不高兴,情绪很低落,10 表示很高兴)上对自己的情绪给予评定;我鼓励小海坚持能给他带来积极变化的行为等。很多时候,我注意挖掘来访者自身的力量,从而使他获得自我支持的力量,如我把他的情绪的好转归因为主要是他自己的努力,让他更多看到自己的力量;我力图让他看到自己的潜能,引导他分析了自己四门学科的情况,他认为进入前十几名也许是可能的。

第二节　信件咨询

学校心理咨询已不限于传统面对面的形式,还可以通过信件、邮件、语音、视频等私人通信方式进行一对一的服务。在这些心理咨询服务中,又可以区分为即时的个别非面询和非即时的个别非面询两类。非即时的个别非面询是指来访者与咨询师的咨询过程是以非同步的方式进行,如信件咨询、文字留言(如微信、QQ)或语音留言等,其实都可以看成是广义的信件咨询。

信件咨询包括信箱咨询和电子邮件咨询。为了满足学生一些特殊的心理咨询需求,我校在心理咨询室门口仍然会安装心理咨询信箱,主要是为那些不善言辞,或者不想当面与心理咨询师见面的学生而设置的。我校还会为学生提供电子邮件心理咨询信箱,有时也会收到一些学生的心理咨询需求,可能是这些学生不愿当面交流或是他们出于远程辅导,如周末、假期的需要吧! 以下是我曾经给来访者的一封回信:

同学:

你好!

收到你的来信,能感受到你的信任,请你放心,对于你来信中的内容和邮箱地址,我会保密的。

读完你的来信,似乎感到你的迷惑、不安,同时也看到你改变的力量。你觉得自己高中以来有很大改变,我感到喜悦,因为如果性格太内向,对自己的成长和将来走向社会,不利的地方相对是多的。你觉得自己高中以来有很大改变,也说明性格的某些方面是可以改变的,估计你也会同意这个看法吧? 你说想使自己看起来更精神些,我觉得这是个积极的想法。我也不是一个外向的人,在你看来,你觉得我的精神状态怎样呢? 我自己认为还挺精神的(嘻嘻,你不会笑话我吧)。我想说的是,性格中性或内向的人,同样也能给人精神饱满的印象。你说,你在试着让自己多笑笑,这是一个很好的方法,"笑一笑,十年少"、"微笑,是一封最好的介绍信",估计你也知道不少类似的句子,而且你也说,"笑"会使你感到愉悦与轻松,我相信,你周围的人,也会有这种感受的,所以希望你能继续保持哦,发自内心地微笑,给自己、周围人带来更多的愉悦,微笑会增加幸福感,进而增强自信,所以"笑点"可以低点,多笑笑。你在信中说你遇到一些小问题,如果是具体指"别人觉得自己没精神,成绩本身没很好,音体美也没特长,本来就有点潜在的自卑,现在感觉连我的性格都是我的缺点,心态上也不如别人",对这些问题,在高三这个时候而言,有的问题可以后解决,如音体美没特长,如果你想培养,以后有很多时间的,你说呢?你说"成绩本身没很好",如我没猜错的话,保守估计,你的成绩至少也是中上吧,在我们学校达到中上成绩也是不容易的,要看到自己的优势哦!你说"现在感觉连我的性格都是我的缺点",对于这点,我是这样看的,每个人的性格都不可能是十全十美的,都有不足的,所以有个不断完善的过程,而且有的特点,如文静,也不能说是绝对的好或不好。至于"有点潜在的自卑",心理学家阿德勒曾经说过:"每个人都有自卑的角落",因为有那么一点自卑,我们感到与他人的差距,也激发自己超越自我的力量,有点点自卑不是问题,只是自卑情绪太多,是需要调整。在高三这个总体使人觉得压力大的非常时期(我自己读高三,做题累了,有些疲惫时,就以"黎明前的黑暗"调侃自己),建议你更多看到你性格中的优势,比如也许你是个认真、稳重、聪慧的人,建议你列个优点清点,列举自己的优点,不要自谦哦。很希望,你有时间的话,给我回信时,细数你的优点,好吗?多看到自己的优点,我们会神采飞扬,你赞成吗?告诉你,我就是这样做的。让人觉得自己有精神的其他方法,如:走路抬头挺胸,坐姿端正,步伐不要太慢,给人一个好的精神面貌;说话有底气,不要软绵绵、有气无力的;衣着上选择鲜艳的暖色,会让整个人精神很多;适当的运动;有规律的作息,可能的话,不要熬夜太晚,这样气色会显得好些;内心有更多的自信。因你信中也没具体说到他人觉得你不精神的其他表现(笑点太高,你说到过的),所以我的建议也许不够有针对性,仅供参考,有的地方,也许你已经做得很好了。对了,你可以问问那些说你显得不精神的人的看法,这样会更有针对性,可以改的地方,可以试着改变,有的改变太困难,那也不要急于一时,就留待以后吧,来日方长呢!有一句话与你共勉:"问题不是问题,如何面对才是问题。"希望你能冲出迷茫,以饱满的热情迎接每一个新的一天的到来!

你的心理老师

＊＊年＊＊月＊＊日

该来访者的主要困扰是一些发展性的问题,如别人觉得自己没精神,想使自己看起来更精神些。成绩没很好,音体美也没特长。本来就有点潜在的自卑,性格都是缺点,心态上也不如别人等等。从来访者的情况来看,问题不算严重,也不是太聚焦,不在乎是否要立刻解答,主要是向老师寻求一些专业建议。

在工作实践中,笔者还接待过家长的信件咨询,这种形式的咨询不一定是常态,甚至也很难说是严格意义上的心理咨询,或许说是家庭教育指导更贴切些。只是与家长的书信联系是出于学生心理健康教育的话题,因此用好家长的心理支持是非常重要的,比如我与小文(化名)家长的书信就是这样。在工作中,心理老师要抓住一切可能给予学生心理支持的机会,下面是我和小文家长几次的信件咨询。

尊敬的老师:

您好!

百忙中打扰您下!昨天在整理小文的书房时发现了附件的邀请函,很惊愕地发现他心理存在一些问题,不知您能否给我们提供一些我们家长配合教育的方向?也不清楚他当时是否去参加了您的心理指导?

由于孩子与我们沟通很少,我们一点没有觉察到他的心理问题。他性格安静,比较沉默,加上进入学校后成绩一直不理想,导致他自信心受到了很大的打击。我们平时恨铁不成钢地抱怨和没收他手机,使他在家跟我们严重顶撞了两次,平时发现孩子还是很爱学习的,作业什么的都自觉去完成,生活习惯也比较好!我们也给他安排了一些补课,他也是自觉去学习,但就是学习成绩上不去,使我们家长也备感郁闷。

期待您的回复,不胜感激!

尊敬的小文爸爸:

您好!

收到了您的邮件,我看到了您对孩子的关心、担忧。邀请函是我在去年12月份发出的,事情的缘由是去年11月初,我校对高一年级各班的学生进行过两个心理测试,其中一个是心理健康测试,该测验主要是检测学生的焦虑程度。根据标准,对分数偏高的同学发出了邀请函,想进一步了解情况,以便给予帮助。您孩子所在的班级收到邀请函的人数比例是17.14%,收到邀请也不一定就是有心理问题,只是提示可能需要做一定调整。小文没有来参加面谈。从分数来看,您孩子在学习焦虑倾向、对人焦虑倾向、孤独倾向、自责倾向、身体症状、冲动倾向这几个项目分数偏高,需要降低这些方面的负面情绪感受,如对学习方面的担忧。这只是一个普查,对测验结果您也不用太紧张。

根据测验结果和您的描述,在家庭教育上,我有如下建议:

1. 降低对孩子学习目标或成绩的期望。不理想的分数本身对孩子就是一个打击,特别是对学习努力的孩子而言,建议你们能降低对孩子学习的具体目标,引导孩子也不要给自己一个太高的、目前难于达成的目标,因为这样的目标只会给孩子带来更多的失败感,自信心更会受打击,而当孩子降低了焦虑,激发了信心,他的潜能才能更好激发,才能取得更好的成绩。引导孩子关注每天要做好的事情,一步一个脚印,活在当下,为所当为。

2. 接受现实,调整心态。孩子学习成绩不理想,做父母的是会感到郁闷,甚至更强烈的情绪,我能理解您的感受,我自己也是做父母的,只是再想想郁闷会带来什么呢? 是会影响家庭氛围,传递负能量的。有的家庭中,父母太焦虑,给孩子太大压力,孩子有可能会承受不住,出现心理疾病或更严重的后果,那将是很痛心的事情,我也碰到过这样的个案。对于孩子目前成绩的不理想,尽可能持接受的态度,努力了就够了。当我们抱接受的态度,自己的情绪就不会那么郁闷,也不会把自己的焦虑影响到孩子,而使孩子更焦虑。学习成绩在目前是很重要的,但在人的成长中,自信、健康又会是更重要的。即使没考上理想的大学,又会如何? 静心想想,也不是太大的事情,您说呢? 孩子和你们以及老师还可以做更多努力,帮助孩子尽可能取得更好的成绩。

3. 多赞扬孩子,增强孩子的信心。您孩子有其优点:学习自觉,生活习惯较好,学习努力,肯定还有其他的优点,对吗? 您可以再想想,你们可以把发现的优点告诉孩子,让他知道你们对他的肯定,培养孩子成为一个自信的人,自信是飞翔的翅膀。而抱怨只会挫伤孩子的信心与力量感。父母总是希望自己的孩子是最优秀的,但不可能每个孩子都能上名牌大学,引导孩子成为更好的自己则会是更智慧的做法。您说呢?

您写信给我,我看到您对孩子教育的关注以及对我的信任,谢谢您。如有其他疑惑,欢迎打电话,或写邮件,或直接到我校心理辅导室来,很希望在大家的共同努力下,您孩子在学习及其他方面都取得更大进步,成为更好的自己! 不着急,悠着点,激发孩子向上的力量,他会成长得更好! 相信自己,也相信自己的孩子!

另,孩子学习成绩的提高建议从学习方法、学习效率、学习心态(情绪、想法)方面做思考,可以与孩子、学科老师一起探讨提高成绩的方法。

小文的心理老师

＊＊年＊＊月＊＊日

尊敬的杨老师:

非常感谢您能在百忙之中给予我们这么及时和耐心而又详实的解答! 同时对于上次去信将您的姓名写错深表歉意!

读了您的来信,使我们心情豁然开朗,也明白了积极乐观的心态和良好的家庭氛围对孩子健康成长的重要性。小文同学从小是一个听话、温顺、与人友善的孩子,在学习上也非常地努力,只是在这一两年青春期时期有时表现出一些孤独、自责和容易冲动的倾向。加之最近学习成绩一直不理想,我们的一些不自主表露的不满情绪也的确增加了他的压力。这一点我们会按照您的建议调整心态,对孩子多些安慰和鼓励。

小文同学在去年刚入学的周日测试中的成绩都还有几次在班级排名靠前,也许是后来的测试成绩的不理想使其背上了思想包袱。他的成绩并不是一直很差,主要是不稳定。比如,上周末的英语测试成绩居然变成班级第二名,年级50名左右。我想这与他的情绪和心态有很大关系。另外,我们也会多跟任课老师及班主任加强沟通,在学习方法改进和提高学习效率上给予他帮助。

最后,再次感谢杨老师的悉心指导! 您的来信使我们明白不仅要关注孩子的心理健康问题,还须从自身做起,调整心态,以积极健康乐观的态度引导孩子,正确看待成绩和学习的关系。期望以后还能有机会,再次向您请教!

祝老师工作顺利,万事如意!

学生小文家长

＊＊年＊＊月＊＊日

尊敬的小文同学家长:

你们好!

收到了你们的回信,得知小文成绩的状况,我放心些,特别是你们说到小文上周末英语测试成绩居然变成班级第二名,年级50名左右,这一定给你们一个惊喜,也说明孩子学习的潜能是巨大的,相信他会更好适应、调整,成为更好的自己。我也赞成你们的看法,成绩会与情绪、心态有很大关系,家长以积极、乐观引导孩子,适时而恰当地沟通,陪伴孩子成长将会给孩子助力。如何做好父母,确实也是值得一生学习,我欣喜地看到你们的觉察,相信你们会做得更好!

你们对我工作的肯定也使我倍受鼓舞,谢谢你们的鼓励!心理老师从事的就是一个助人事业,如有疑惑欢迎随时联系,也期待分享小文更多的好消息。

祝工作顺利,幸福快乐!

小文的心理老师

＊＊年＊＊月＊＊日

与家长的书信联系,要注意用语的文明、适切。家长与老师一样,都是成年人,是教育的合作伙伴,不能用教训、命令的方式要求家长,只能用鼓励、解释、建议、指导等方式告诉家长可以如何做好孩子的心理支持。

第三节 在线咨询

即时的个别非面询是指来访者与咨询师的咨询过程是以同步的方式进行咨询,可以分为热线电话和在线网络咨询(除电子邮件咨询、微信或 QQ 留言之外),可以简单地统称为在线咨询。

一、 热线咨询

热线咨询是心理咨询的一种重要形式,它能够满足某些特定人群的需求,如危机干预、未成年人的父母。热线咨询,由于是短时性的、一次性的,这个独特的工作特点使得问候、感谢、邀请等所占比例相对较大,这种心理支持能对来访者情绪稳定起到独特作用,也会在建立咨询关系中起到重要作用。在心理咨询热线的开始阶段,接线员通过主动的问候,用合适的言语反应开启会谈,或者在热线结束阶段,邀请来电者继续来电,这都是使用了心理支持技术。热线咨询的开始阶段非常重要,接线员要运用导语打招呼,为对方提供一种温暖、支持性的氛围,使来电者感到安全、被接纳、被理解,建立起心理支持的关系。在热线咨询过程中,与来电者共同探索一些想法,做好释意、解释、建议、指导、提供信息等,都是给予对方一些专业的支持。

热线咨询有时看起来与心理问题无关，特别是在学校之外，如区、或市级各种热线咨询平台。有时并不是真正来访者的来电，而是他（她）的家长或监护人打来的，感觉是家长有困扰而不是学生有困扰，或者是家长来咨询校外补课信息的。这时，我们要能够发现隐性的来访者，有时就是因为家长的电话，而察觉到学生的问题。当来访者谈客观现实问题时，如家庭贫困、转学需求，我们也要想想一个心理健康的人，会不会就这个问题打电话。对于未成年人的辅导，我们还是要通过更多的资料收集、评估，才能对他（她）提供更好的心理支持。

二、 在线网络咨询

网络心理咨询是咨询师运用电脑、平板、手机等在网络上与求助者所进行的心理咨询服务形式，它具有许多传统咨询所不具备的优点，同时也有许多优势。"格罗赫尔（Grohol）最早将网络心理咨询定义为通过互联网在求助者和专业人员之间实现即时沟通，进行有关心理咨询与治疗的信息互动过程的一种新型咨询模式。"[1]有学者认为："目前的网络心理咨询泛指那些具有专业资格的，或有一定的心理学知识的，或从属于某些特定社会服务机构的相关人员，通过电子邮件、在线聊天室和视频等网络通信工具，与来访者在实时或延时的交流中建立起一种自然、亲密的关系，并在此基础上提供具有心理咨询和治疗性质的各种心理服务（如：在线心理咨询与治疗，在线建议，在线援助，在线心理健康知识或心理学知识介绍，在线心理测验、测量等），使来访者在认识、亲和态度上有所变化，解决其在学习、工作、生活、疾病康复等方面出现的心理问题，从而更好地适应环境、保持身心健康的过程。"[2]可见，网络心理咨询具有以网络为媒介、远距离互动、由专业人员提供专业服务三个基本特征，它有广义与狭义之分，有学者对以往学者的概念进行了归纳后提出，"广义网络心理咨询定义为：网络心理咨询是治疗师与异地的求助者运用电脑在网络上沟通时所进行的心理治疗和信息提供等服务。狭义的网络心理咨询是咨询师与求助者之间运用电子邮件、网络文字、网络视频等沟通方式，以特定专业咨询关系为基础的网络心理服务，是网络上持续性的即时或非即时的远距互动过程，以此帮助求助者解决心理困扰，促进自我

① 吴吉惠，简霜. 近十年（2005—2015 年）网络心理咨询研究综述[J]. 乐山师范学院学报，2016,31(09)：123—127.
② 杨晶，余林. 网络心理咨询的实践及其存在的问题[J]. 心理科学发展，2007,15(1).

成长。"①本研究认为,作为一种心理支持,可以把广义的网络心理咨询作为我们讨论的范围,也就是说通过网络提供心理健康知识与信息服务的都是网络心理咨询。主要原因在于网络求助者不太可能像专业人员那样划分学科边界,如果能够给他一些客观援助,提供一些信息支持,也是能起到心理支持的作用。何况,社会支持理论本身也认为客观支持就是社会支持的一部分。网络心理咨询可以分为即时和非即时两种,有学者认为,"网络咨询中,咨询师或来访者可以保存同步或非同步对话的文字稿,甚至是咨询录像。"②即时的网络心理咨询就是在线心理咨询,它是指来访者与咨询师的咨询过程以同步的方式进行。在线心理咨询与面询有很多相似之处,需要咨询师作出快速反应,要根据来访者的谈话作出回馈。不同的是,在线咨询内容来访者是可以反复观看(文字、视频)或倾听(语音),由于信息内容的这个特点导致对咨询师更有挑战性。在线心理咨询的专业伦理要求与面询也是不一样的,例如,关于咨询保密与隐私权方面,"巴拉克(Barak)认为几乎所有的心理服务使用的都是不太安全的商业性互联网站点,后来美国要求咨询师在加密网站上开展咨询活动,没有使用加密网络则只能进行一般心理健康指导。"③在线咨询的保密工作是非常不易的,咨询师要有充分的准备。咨询师应当在咨询开始前就告知来访者网络咨询对于隐私保护的局限。如果咨询时来访者是匿名的,对于自伤或自杀等危机情况,预警是相当困难并难以执行的。如果这些专业伦理做不到,就会影响心理支持的效果。

---

① 吴吉惠,简霜. 近十年(2005—2015 年)网络心理咨询研究综述[J]. 乐山师范学院学报,2016,31(09):123—127.

② Mallen M. J., Vogel D. L., Rochlen A. B. The practical aspects of online counseling: ethics, training, technology, and competency [J]. Counsel Psychol, 2005,33(6):776 - 818.

③ 张又文,周莉,谢悦,路智鹏,郭潇萌,林孟晖,钱铭怡. 心理咨询师网络咨询保密伦理相关意识与行为[J]. 中国心理卫生杂志,2019,33(09):647—652.

第四章　团体支持实务

通过心理辅导课教学、学校心理咨询、心理社团建设、心理广播讲座、"心理成长"热线、心理咨询信箱、团体心理辅导、学生同伴辅导、学生心理课题指导、家长成长工作坊、心理健康教育活动月等多种心理健康教育工作，我校逐渐形成"关注积极、助人自助、引发感悟、润泽心灵"的心理支持模式。

"关注积极"就是在心理辅导课教学中立足于发展性心理辅导，并重点关注学生积极情绪培育和积极心理品质培养，在学校心理咨询中从积极视角看待和帮助来访者解决心理问题。"助人自助"就是无论课堂教学还是心理咨询都不是直接给出建议，而是引导与帮助学生学会自己解决问题。"引发感悟"是教学中注重活动创设引发学生感悟，让学生在活动中体验，在体验中感悟，在感悟中成长；在学校心理咨询中通过故事启迪、来访者的积极力量与潜能发掘、咨询师的自我表露等方式让高中生来访者感悟到解决问题的信念与方法。"润泽心灵"是指面对成长环境复杂、学习压力增大、信息化与多元文化影响凸显的高中生，用专业智慧润泽生命，陪伴学生心灵成长。

第一节　心理辅导课程

一、 心理辅导课程理念

面向全体学生的心理辅导课程是提升学生心理素质的主渠道，心理辅导课程不过分强调掌握心理学知识，而是通过精心设计活动促使全体学生全身心参与，在参与过程中不断地获得心理体验，从而促进学生心灵成长。心理辅导课程不同于学科课程，它不以传授系统的知识体系为目标，也不需要按照严谨的心理学科逻辑思路进行系统讲解，但需要结合班级学生的实际情况，有针对性地开展心理辅导。它不是知识结构取向，而是实际问题取向。心理辅导课程也不同于团体心理辅导,前者是全班所有学生,对象不做任何筛选,而团体心理辅导的对象是自愿报名或同质筛选出来的,人数也有限制,不太可能全班一起参与。在长期的教学实践中,我逐渐形成了"活动·体验·感悟"课程教学理念,即在活动中体验,在体验中感悟,在感悟中成长,也就是通过创设多种活动,给予学生积极心理体验的空间,引导学生通过内心的感悟,不断优化自己的心理,从而促进心理素质的提升。我以《过桥》一课说明具体如何实施。

首先设计一个活动,把抽象的理论化为简单易懂的活动。记得在 2002 年上海市素质教育展示活动松江心理健康教育专场中,我开设了《过桥》心理辅导课。本节课的目标是使学生感悟异性交往的必要性,培养学生在与异性交往时的良好心态;引导学生理解异性交往的关键之一是"度"的把握。于是我把抽象的理论化为简单易懂的过桥活动。首先介绍规则:(1)在大家面前有条河,河上面有一座桥。两人从起点出发必须在桥上的某一点相遇,再往前行,到达对岸。若掉下桥,两人再重新上桥,调整好位置,再往前行。(2)比赛在两队间进行,每队队员过桥后与对岸本队队员击掌后才算有效。在每轮比赛中把顺利通过的次数相加,顺利通过次数多者为胜者。若两队顺利通过次数相同,则用时少者为胜者。(3)比赛共分四轮,第一轮为女生间的比赛。第一组的女生站桥的一岸,第二组的女生站桥的另一岸。第三组的女生站另一座桥的一岸,第四组的女生站桥的另一岸。第二轮为男生间的比赛。其他要求类同第二轮。第三轮为男女混合组的比赛。比赛在第一组和第三组同学间进行。两组又各按性别分为男生小组和女生小组,男生小组站河的一岸,对岸为女生组。第四轮为男女混合组的比赛。比赛在第二组和第四组同学间进行,其他要求类同第三轮。

其次让学生体验。在介绍规则后师生开始活动,观察员记分、记时和监督规则执行情况,教师要注意保持对学生的敏感性,留意一些值得关注的现象。

最后在体验的基础上让学生感悟。主题活动结束,首先学生分小组交流以下话题:(1)你觉得两次过桥难度一样吗?(2)你在第一次过桥时是怎么想?有什么感受?第二次过桥又是怎样呢?(3)你觉得第二次要顺利通过,关键是什么?然后全班交流与分享,教师引导归纳。

《过桥》一课就是通过自创的"过桥"活动,让学生在同性与异性两次相对而行的过桥体验中,感悟高中生异性交往时的良好心态和交往"度"的把握,体现"活动·体验·感悟"课堂教学要素,从而达成课堂教学目标。

二、 心理辅导课程教学实践

笔者在与高一年级学生交往中,不时听到学生说郁闷、无聊,个别学生甚至有更极端的想法。生活、学习中有趣的东西易被学生忽略,因此我设想上一节课,以激发学生的乐趣,感受生命中的幸福、美好。如何根据高中学生的思维特点和心理需求,选择一个好的切入点呢? 积极心理学的一些研究成果引起了我的关注,因此我把主题确定为"生命的心流",创意地设计教学环节,开设了《生命的心流》公开课。

(一)《生命的心流》教学设计

1. 背景与思路

我校作为实验性示范性高中,学生素质普遍较高,用学生常用的语词是"强手如林"。高一年级学生普遍感到压力较大,而实验班学生更是如此。有关研究表明就高中生而言,他们已处于典型的烦恼增殖期,愉快情绪出现的次数与强度,一般比不愉快情绪出现的次数少,强度小。该班级的课前小调查表明,成长中有过心流体验的学生人数有 34 人(总共 41 人),说明大多数学生是有过心流体验的,这为该主题讨论的展开奠定了基础。另一方面,学生的心流体验出现的频率又有较大差异。课前小调查的结果为:在最近一年来几乎每天都会有心流体验的有 8 人;每周三至五次有 7 人;每周一至三次有 10 人;体验过,但少于每周一次有 9 人;没有体验过有 7 人。对有些同学而言,特别需要提高心流体验,因此开设这一主题教学有其必要性。

2. 教学目标

帮助学生体验心流,感受生活的乐趣;理解心流产生的重要条件和心流的意义;领悟创造心流的方法,并激励学生在日常生活中创造心流。

3. 课前准备

多媒体课件,心流小调查。

4. 教学过程

(1) 主题活动:解手链

设计意图:体验心流,并为探讨心流产生的条件作铺垫。

教师简要介绍游戏规则:按学号的单双号分为两个大组,单号组站在教室的前半场,双号组站在教室的后半场。每组同学手拉手站成一个向心圈,并请记住自己的左手拉的是谁的右手,右手拉的是谁的左手。请大家听指令,形成一个复杂的手链,然后在不松手的情况下,把手链解开,回到原来的圈。

学生完成游戏。

学生围绕以下两方面分享游戏感受:游戏过程中你的心情如何?做游戏时你的投入程度怎样?教师引导学生理解心流的概念。心流即一个人完全沉浸在某种活动中,无视其他事物存在的状态。

(2)分享心流:启动快乐之旅

设计意图:感受生活中的乐趣,并进一步理解心流的概念。

学生交流生命成长中的心流体验。

教师归纳:很多活动都可以产生心流,不在于"做什么",而在于"怎么做"。

(3)我思我悟:心流何时有

设计意图:理解心流产生的重要条件和心流的意义,并为探讨"如何创造心流"作铺垫。

教师设问:回顾游戏中产生心流体验的活动,想想看在从事这些活动的过程中,什么时候最易出现心流?

学生思考、回答问题。

教师以打网球举例,讲解心流产生的重要条件:挑战与技巧的平衡。心流的重要意义是心流是成长的源泉,幸福的真意。

呈现课前小调查。

(4)七嘴八舌:如何创造心流体验

设计意图:领悟创造心流的方法,并激励学生在日常生活中创造心流。

教师以动机游戏为载体,帮助学生领悟创造心流的一个方法是激发内部动机。

学生交流与分享创造心流的方法。

教师小结。

下面我提供一堂课的实录,详细介绍该课是如何进行的。

(二)《生命的心流》课堂实录

教师:大家准备好了吗?今天我们在一起探讨的话题是"生命的心流",心流到底指什么呢?可能大家不是很清楚,也有几分好奇,今天这节课我们将要在一起体验、探讨心流。我们先来做个很有意思的游戏吧。游戏的名字是"解手链",怎么做呢? 一起来了解游戏的基本规则,遵守游戏规则,游戏才更有意思。

教师简要讲解"解手链"活动规则:

(1)按学号的单双号分为两个大组,单号组站在教室的前半场,双号组站在教室的后半场。每组同学手拉手站成一个向心圈,并请记住你的左手拉的是谁的右手,右手拉的是谁的左手。

(2)请大家听指令,形成一个复杂的手链,然后在不松手的情况下,把手链解开,回到原来的圈。

(3)当小组解开"手链"时,请大声说"完成"或欢呼,以使大家知晓完成情况。解"手链"较慢的小组,要在下次课表演节目。请单号组的27、29号,双号组的30、32号同学当对方小组的监督员(边说边请同学亮相,监督小组规则的执行情况)。课代表与老师一起主持。

学生活动。在最初看到错综复杂的"手链"时,不少学生觉得要完成有些难,有些焦虑或着急,不知从何处开始。后来两个大组中有同学提议从某个"结"开始以及怎么来解"结",在组员的配合和大家的积极参与下,两个组的同学开始流动起来,"结"一个一个被解开,大家想出了"蹲下来,让组员跨过去"、"转身"等诸多方法,单号组约6分钟后完成了任务,发出欢呼声。而这时双号组还有几个难解的"结",教师一边鼓励他们坚持,会有办法完成任务,同时请先完成的小组过来帮助他们,最终双号组在又过了大约4分钟后也完成了任务,感受到来之不易的成功喜悦。

教师引导学生交流与分享:游戏过程中你的心情如何? 游戏时你的投入程度如何?

学生A:游戏中我很兴奋,仿佛回到儿时,很专注、投入的,因为不投入就没法完成活动。

学生B:很开心的,蛮投入的,这个游戏有点意思。

教师:我看到你和很多同学快乐的样子,一开始就是这样的吗?

学生C:刚开始是有些纠结的,不知该怎么办。后来越来越感觉有办法解"结",越做越顺手。

教师小结:其实很多同学在刚才游戏中就体验到了心流。心流到底是指什么? 心流是一个人完全沉浸某种活动中,无视其他事物存在的状态。这一概念是由美国芝加哥大学心理系教授米哈里·契克森米哈赖(Mihaly

Csikszentmihalyi)提出的。他用了 25 年的时间研究揭开了幸福快乐的密码,密码是什么呢? 这就是心流体验。大家能用几个词语来描述这种完全沉浸在某种活动中,无视其他事物存在的状态吗?

教师请举手同学中的两位同学回答提问,教师结合学生所说在黑板上写下形容词,如专注、忘我、控制感、兴奋感、充实感,以帮助学生进一步理解概念。同时教师提醒,不是说这五方面都要同时出现,有时我们可能体验到的是其中某两种或几种的组合。

教师:那么,在我们的现实生活中,在做什么事或什么活动时,你曾有过诸如专注、忘我、控制感、兴奋感、充实感这样的体验吗?

学生 D:当我做一道我一开始觉得可以解决但后来很费脑子的数学难题时。当难题最终解决时,我感受到了心流,解题的乐趣。

学生 E:读一本我喜欢的书,还有参加志愿者活动时。

学生 F:弹钢琴或参加体育比赛。

……

教师小结:很多活动如学习、从事喜欢的活动、人际交往中都可以产生心流,不在于"做什么",而在于"怎么做"。

教师设问:那么怎么做,才会产生更多的心流体验呢? 回顾游戏中产生心流体验的活动,想想看从事这些活动的过程中,什么时候最易出现心流呢? 或者说心流产生的重要条件是什么呢?

学生 G:做我喜欢而且也基本能完成的事时易产生心流。

教师:是的,一般你喜欢做的事往往也是你做得较好的事情,心流的产生与我们的技巧有关。比如一个编程技巧水平很低的人,你要他编个很难的程序,他可能产生心流吗?

学生 H:打篮球特别是比赛的时候最容易出现心流。

教师:哦,如果打赢了,那体验一定更强烈,如果你和小学生打篮球比赛呢?

学生:那即使打赢了,也不算什么,"欺负"小孩子,也不会感到多大乐趣的。

教师:是的,心流的产生还与挑战性有关。

在学生交流的基础上,教师以小明打网球为例引导学生概括心流产生的重要条件是能力与技巧的平衡。同时教师引导学生理解心流的重要意义:心流是成长的源泉,幸福的真意。

教师：如果我们能一面成长、一面又乐在其中，能更多感受到心流，当然是一种最佳状态。我们是否常处于心流状态呢？还记得上次课前做的小调查吗？一起看看结果。（呈现课前小调查）从调查结果中可以看到，40％的同学心流体验较少或没有，而心流体验对个体的成长又有重要意义。那么，如何创造更多的心流呢？

教师：我们一起先来做个小活动吧。请大家举起你的右手。学生举手后，教师说"好的，谢谢大家"，同时随机询问一位同学："你为什么举起右手？"

学生答："因为你要我举手。"

教师：好的，接下来，请大家举起你的椅子，同时注意安全。

学生有所迟疑。

教师：椅子下面有你喜欢的东西，保证有三把椅子下面有。

绝大部分同学开始举椅子。

教师随机提问一同学：开始怎么没举椅子呢？后来你怎么举椅子的呢？

学生：举椅子有些不雅，也麻烦，也不知为什么要举椅子，所以没举，后来听到你说椅子下有东西，觉得有些好奇就举了。

教师：我想很多同学也有和她相似的想法和感受，好奇心往往能激发我们的行为。好奇心属于内部动机，激发内部动机，会使我们更愿意投入活动，从而促进心流的出现。

教师板书：1. 激发内部动机

小组交流（约两分钟），小组派代表发言。教师根据学生所说归纳整理，在黑板上板书创造心流的重要方法：

2. 明晰的目标

3. 立即回馈

4. 全神贯注

5. 自力救济找乐趣

教师：最后，与大家一起分享一句话——掌握心灵意志，达致心流体验的瞬间，你将撬动生命的力量之源！谢谢大家！

（三）专家点评

本堂课主题的选择充分考虑了该校高一年级学生的需求，有针对性，同时杨老师结合心理学较新的研究成果，确定了"生命的心流"这一主题，主题新颖，易激发学生的求知欲和好奇心。主题的确定和课的设计都是由她自己完成,无现成的教案借鉴,有一定的创新性。本堂课教学的几个环节层层相扣,具有较强逻辑性,符合高中学生的思维特点,遵循了从感性到理性的认识过程。这节课较好地体现了"四动",即动脑、动手、动情、动心。主题活动以小组比赛的方式进行,是一种全员参与、体验式的教学方式。学生积极性高,课堂气氛活跃,学生在活动中充分调动了情感、知觉、思维等一系列心理活动共同参与,学生活动后"深有感触"又"心有所悟",因有亲身参与,学生在交流分享环节有话可说,通过生生互动、师生互动,深化了学生对心流的认识,达成了本节课的教学活动目标。

(点评专家:上海师范大学 燕国材教授)

(四)《生命的心流》教学反思

本堂课的主要目标是:帮助学生体验心流,感受生活的乐趣;理解心流产生的重要条件和心流的意义;领悟创造心流的方法,并激励学生在日常生活中创造心流。为达成目标设计了四个环节,这四个环节环环相扣,遵循从感性到理性的思路展开教学。第一环节主题游戏活动不仅使学生体验到了心流,而且为后面环节的展开作了很好的铺垫,游戏活动几乎全班同学都参与其中,使得大家在体验的基础上可以有所感悟和思考。第二环节分享心流,启动快乐之旅,引导学生从游戏拓展到现实生活中,激发学生感受生命中的乐趣,在其基础上引导学生思考心流产生的重要条件。第三个环节通过学生的交流分享和教师的分享使学生对心流产生的重要条件和意义有了理性认识。再通过小活动(动机游戏)和小组、全班的交流分享引导学生感悟创造心流的方法。在整堂课中学生参与度高,圆满地达成了教学目标。

教学之所以能达成目标,除了刚才分析的精心设计教学环节(包括问题设计)之外,首先也与课题的选择有关,该主题既满足了学生的内在需求,同时有新意。"心流"对同学来说是一个新概念,易引发学生的好奇心和求知欲。"心流"这一主题的教学对我而言也是一个挑战。之所以想到这一主题还源于课题研究的思考。我主持的上海市"双名"培养工程立项课题《高中生积极情绪及其培养的实证研究》,研究视角是积极心理学,为此查阅了积极心理学的有关论文和书籍,特别是《生命的心流》和《幸福的真意》两本书引起我的极大兴趣,想着把这两本书阅读的心得用课的方式与学生分享,就有了这一主题。在课的设计过程中也有焦虑和微心流的体验。其次,教学过程中教师与学生以及生生之间的良性互动也是促使教学目标达成的一个重要因素。在引导学生思考问题中,我能适时提出深入的问题激发学生进一步思考。

反思本堂课教学,还可以进一步改进的地方是:由于完成主题活动所需时间的不可控性,本堂课主题活动的时间长了些,使得最后一个环节的交流分享未能完全充分展开。如果教室空间更大些,游戏时可分为三个组,这样难度可能会低些,可为后面环节的展开留出更多一些的时间。总之,教无定法,心理辅导课的教学更是如此,它需要教师勇于探索,不断创新。公开课的教学也促使我进一步成长。

心理辅导课是需要教师精心设计主题的,主题的选择来源于学生心理问题与困扰,不一定是按照心理学知识体系。课堂教学还要有较大的创造性,特别是活动与环境的设计非常重要,要让学生有参与的兴趣与积极性,还能从中有所感悟。

下面是我的《竞争与合作》教学设计。

1. 背景与思路

人际交往是人本质的、内在的需要,也是人的社会性的重要体现。人际关系是在人际交往中形成的。人际交往的特点受社会经济发展的重要影响。如封闭、依赖、人际结构稳定是自给自足的自然经济的特点,而在商品经济中,人们大多具有强烈的竞争意识。竞争是个体或团体力图胜过或压倒对方的心理状态和行为活动。竞争以内驱力为前提,把一个人最微弱的潜力焕发出来。它能增强实现目标的动机,提高热情,激发潜能,但一味只讲竞争也易产生紧张、不安、失败感和敌意或产生不恰当的优越感,陷于傲慢,蔑视败者,缺乏对人的关心。合作是个人或团体为共同目标相互支持、帮助的心理状态和行为。在当今社会中,既要学会公正地竞争,又要学会合作。

在心理学的研究中有一项有趣的实验,用这一实验可间接地了解一个人的竞争意识和行为。我对这一实验进行一些改变,以活动形式引入课堂。以这一活动为载体,引导学生领悟竞争与合作,了解自身的竞争、合作心理并能在学习、生活、交往等方面合理地对待竞争与合作。

2. 教学对象

实验性示范性高中高一××班。目前,该班学生从总体倾向来看,竞争心理是积极健康的,它顺应了当代社会的历史潮流,有助于自身的成长、成才。但也有一些学生有不健康的竞争心理,如为别人的成功设置障碍,或者不与人合作,如同学问他学习上的问题不愿告诉对方。

3. 教学目标

学生能领悟竞争的两重性;学生能感受竞争与合作的微妙关系,意识到与人合作,有利于更高层次的竞争,最终也有利于自身的发展和社会的进步;学生初步具有合作意识和行为;学生对自身竞争与合作心理有所了解,学生的思维能力得到锻炼。

4. 教学重点和难点

重点是引导学生感悟竞争的两重性,意识到合作的必要。难点是能根据自己的实际对自己的竞争与合作心理作有效调整。

5. 教学准备

活动卡牌,多媒体课件。

6. 教学过程

(1)主题活动:尽你最大可能获最大利润

首先,全班分为八个小组,每组确定四名比赛参与者和一名记分员、一名仲裁员。其次,呈现活动规则(规则详见附:主题活动"尽你最大可能获最大利润"规则)。再次,宣布活动正式开始,在音乐背景的烘托下教师和学生一起进行活动。最后,各小组公布小组成员的得分情况和小组总分。

(2)交流与分享

首先,小组交流与分享。然后进行全班交流与分享。针对主题活动,请得分最高的小组和个人谈成功的经验,请得分最少的同学说说感受,当时自己和小组同伴是怎样想的、怎样做的呢。如果再做,你和同伴又会怎么做呢?(教师从中点出课题)

其次,小组再讨论。从主题活动中拓展,主要围绕以下话题交流:你是怎样理解竞争和合作的呢? 竞争或合作会给我们带来什么?

再次,全班交流与分享。

最后,(教师)与全班同学分享。

(3)心理博士信箱

竞争的含义及两重性;合作的含义及作用。

通过刚才的两个活动,我们对竞争与合作有了更多的体验与认识,我们自己在这方面又做得怎样呢? 你觉得自己在学习、生活中能较好地处理竞争与合作的关系吗? 你觉得自己是不是一个只讲竞争而不讲合作的人呢?

(4) 扪心自问:自我检测题

A 不愿吃一点小亏,稍有不顺便耿耿于怀

B 对他人麻木不仁,漠不关心

C 对他人不记大德,专记小怨

D 当同伴取得成绩时,总爱说:"他有什么了不起?"或"我也可以做到!"

E 总爱把自己想象为一个失意者

F 当同学请教自己会做的题目时,常找各种借口敷衍,不告诉同学题目的解法、答案

(5) 心灵激荡:怎样在竞争中更好做到合作

附:主题活动"尽你最大可能获最大利润"规则

假定你有一定数量的钱,用这些钱投资,你可以投资 X 公司或 Y 公司。我们用出牌的方式表示你的投资选择,你的任务是"尽你最大可能获最大利润"。具体规则如下:

1. 在每轮中,你和你的同伴可以出 X 或 Y。你在每轮中的输赢取决于你和小组中其他人的出牌模式。例如,假设第 1 轮甲出 X,乙出 Y,丙出 X,丁出 X,则甲、丙、丁各得 + 1 分即 10 万,乙得 - 3 分即输了 30 万。

2. 计分规则简记为:4 人都出 X,则出 X 者 + 1 分

3 人出 X,1 人出 Y,则出 Y 者 - 3 分,出 X 者各 + 1 分

2 人出 X,2 人出 Y,则各 0 分

1 人出 X,3 人出 Y,则出 X 者 - 3 分,出 Y 者各 + 1 分

3. 在你每轮出牌前,你可以与你同伴讨论或者不讨论。出牌时,不让同伴看见牌的内容,把牌的背面放在桌上,由仲裁员宣布"亮牌"后,再把

牌翻过来,然后,由记分员记分并公布得分情况。

4. 在第 5 轮、第 8 轮、第 10 轮出牌前,你们可以和旁边的另一小组讨论出牌模式。这三轮在总分中所占权数更大,这三轮的最后得分是这样计算:第 5 轮为这一轮分数乘以 5,第 8 轮为这一轮分数乘以 8,第 10 轮为这一轮分数乘以 10。

5. 计赛共分 10 轮,把每轮分数相加求总分,最后看看全班中哪位同学赢得最多,哪个小组赢得最多。

本堂课活动主体是高一年级学生,主题的选择充分考虑了高一年级心理辅导课总体目标的达成和学生的需求。在教学设计上以心理学研究中有关竞争意识和行为的实验为蓝本,对这一实验进行一些改变,以活动形式引入课堂。以这一活动为载体,引导学生领悟竞争与合作,并通过"心理博士信箱",把学生的感性认识提升为理性认识;再通过"扪心自问"帮助学生了解自身的竞争、合作心理;最后通过"心灵激荡"引导学生在学习、生活、交往等方面合理地对待竞争与合作。教案的设计合理、新颖且符合高中学生的思维特点。教案的几个环节层层相扣,具有较强的逻辑性。课堂教学中首先开展了与主题相关的热身活动,热身活动既调动了学生课堂气氛又引出主题。主题活动以小组比赛的方式进行,是一种全员参与、体验式的教学方式。学生积极性高,课堂气氛热烈,学生在活动中充分调动情感、知觉、思维等一系列心理活动共同参与,学生活动后"深有感触"又"心有所悟",因有亲身参与,学生在交流分享环节有话可说,通过生生互动、师生互动,深化了学生对合作与竞争的认识,圆满完成了教学目标。整节课以学生参与活动、获得体验、引导感悟为主,教师通过设计一些活动,为学生提供一次获得直接经验的机会,在课上通过教师的自我表露作学生成长的陪伴者,在交流与分享中,引导学生思考在学习和生活中应该如何去处理竞争与合作的问题,因此取得了较好的效果。反思整节课的设计,"心灵激荡"的设计可采用案例方式,结合班级特点进行,使交流分享更具有针对性。

下面再以我的《非常报数——应对挫折辅导》教学为例,具体分析如何进行活动设计,以支持学生达成心理感悟。

1. 背景与思路

个体在成长中难免会遇到大大小小的挫折,当挫折出现后,不同个体应对挫折时的心态和使用的方法技能是不同的。学校教育中培养学生面对挫折的积极心态和方法技能是非常重要的。如果在教育中能让学生亲自感受这些,获得一种直接经验,将能帮助学生更好地内化为他们的行为。但《高中生心理自助手册》中的"第九模块:今天与明天——迎接挑战"中没有提供相关的体验活动,于是我从一个拓展活动中受到启发:我把"报数"这一简单的活动进行了一些改造,并大胆引进课堂,创设了"非常报数"这一主题活动,使学生通过活动去感悟应对挫折的积极心态和方法技能。再通过"回望自我"这个心理激荡环节,结合日常生活,让学生回望自己成长中的挫折及应对的经验。最后,借助配乐朗诵《我是成功者》,启发学生进一步思考。

2. 教学对象

实验性示范性高中高一年级某班。

3. 教学目标

全体学生参与"非常报数"等主题活动,能以积极的心态面对学习和生活中的挫折;学生在活动中能体验面临挫折时的心理变化,能感悟出一些应对挫折的方法。

4. 课前准备

一间较大的活动场所,眼罩,秒表,多媒体课件等。

5. 教学过程

(1)主题活动:非常报数

教师:上体育课我们都要报数,也有同学说报数太简单了,从幼儿园就会了,我们今天的主题活动也是报数活动,不过不是大家想象得那么简单,我把它称为"非常报数"。

教师介绍活动规则:全班同学分成人数相等的两队,在两队间比赛,以完成活动用时少者为胜者。在活动进行时,由另一队中的某一同学承担计时员角色,计时员每隔一分钟宣布活动所用时间;同时由两名同学承担记分员角色,记录错误次数(含时间间隔超过一秒的次数)。比赛时每位成员戴上眼罩,成员间不许用任何方式交流,在打乱位置顺序的情况下开始报数。报数是用奇数或偶数方式以抽签方式决定进行,如奇数队某位同学报"1",接下来依次是"3"、"5"、"7"……每位队员在一轮报数中,只能且必须报一个数字,当出现错误时需从数字"1"或"2"从头开始报数。

学生听完规则后,有学生感叹:要顺利完成有点难。

教师:到底难不难,我们试一试就知道了。

学生开始活动,记分员、计时员记分、计时和监督规则执行情况。

在第一组同学报数过程中,多次出现错误,有三次报到"21"就出现报数时间过长或两人报同一数字情况,有些学生情绪变得有些急躁,说道:"怎么又错了?"有责备自己的,也有责备他人的,再接下来报数时更不顺利,这时本组中有同学提醒大家:要平静些,不要急躁,动脑子,想办法。当终于完成一次顺利报数后,大家舒了口气,都说:啊!终于成功了!参加报数的同学都变得很兴奋,似乎有许多话要说。

教师问道:大家有什么想分享?

同学 A:我们终于成功了,虽然失败多次,失败是成功的一部分。

同学 B:我发现有同学在报数多次失败后,变得急躁了,提醒大家要平静些,急躁情绪不利于活动完成。

在第一组完成后,请第二组同学参加报数活动。

主题活动结束后,学生分小组(6—7 人)交流以下话题:当报错时你的心情怎样? 此时你是怎样想的? 一次次出错后,你的心情怎样? 你又是怎么想的?你认为该如何改变此活动的规则,才不容易出错? 为什么? 回味活动,说说有哪些成功的经验,说说你对此活动的最深的感受。

全班交流与分享,教师引导归纳。

有同学说道:报错时有些责备自己,想下次千万不能报错了。有同学说:报错一次也没关系,难免会出错的,在学习、生活中有时也会出错的,下次吸取教训就行。有同学说:一次次失败后,我变得着急了,甚至想放弃算了。有同学说:我听到班长提醒我们不要急躁,就尽量调整自己情绪,想着下次报数定能成功。有同学说:不用戴眼罩容易些。教师追问:为什么会更容易? 同学答:可以看到别人,交流就方便了。教师:是的,因为还可通过视觉,这样交流渠道多了,在遇到挫折时,人是需要与他人多沟通的,在实际生活、学习、交往中是不是也要如此呢? 另有同学接着说:如果在报数过程中,可以交流相互说话,就容易多了,可以及时汲取他人经验,就更快能走向成功。在谈到成功经验时,大家说到很多感受,如好的心态,要想办法,要找准自己的位置,汲取经验教训等。

教师归纳：失败是成功的一部分。面对失败时，你的反应（积极或消极）会影响取得成功的可能与速度。应对挫折的策略是：积极的心态（良好的情绪、自信）；与人沟通，寻求支持；掌握应对挫折的一些方法、技能。

（2）心理激荡：回望自我

第一，学生在小组内回望自己成长中的挫折及应对的经验。

你成长中一次挫折；

当时的感受；

当时的做法；

成功应对挫折的经验。

第二，教师与学生交流分享自己在高中时遇到的学习挫折及应对方式，如合理宣泄情绪；调整目标，合理期望；调整视角等。

第三，全班同学交流与分享。

（3）我思我悟：配乐朗诵《我是成功者》

请同学听振奋人心的配乐朗诵《我是成功者》，引导学生进一步加深思考，及时强化，加强印象。

通过教学，我更深切感受到成功的心理辅导课不能是单纯的知识传授，从课的心理环境来说应是老师为学生创设的一个放松心情的缓冲地带，使学生在这儿能更好地开放自我、坦露自我、认识自我、调整自我，为更好的成长奠定基础。在此过程中，主要使学生获得直接经验，即个体的感性认识和体验，因为这些体验与认识是学生亲自获得的，往往能给学生留下深刻印象，从内心接受它们，从而调整自己的心理与行为。

心理辅导课的设计需教师的创造性。本节课主题活动设计具有一定的新颖性，新颖的活动才能激发学生的好奇心、探究的欲望与参与热情。如果教师不能精心地、创造性地设计每一堂课，而是习惯于机械地重复着教材的内容和传统的教法，毫无创意，这样势必缺乏对学生的吸引力，就不能唤起学生参与活动的激情，就难于真正做到"师—生、生—生"的心理互动。而学生只是"身入"，没有"心入"，不能真正动起来的课，是难称之为心理辅导活动课的。同时在教学中也需要教师的教学智慧，抓住一些话题和学生的回答，由教师进一步引申话题，使学生能做一定的理性思考。在今后的教学中，还可进一步加强学生课后践行的指导。

三、 心理辅导课程研究

为了了解学生对心理辅导课的总体印象及对教学内容和教学形式的需求与满意度,笔者对高中学生进行了问卷调查,以进一步改进课堂教学。

（一）调查目的

初步形成适合学生发展的心理辅导课教学内容和形式。由于学生身心发展的变化,心理辅导课的教学内容和形式上都要有所更新,为了更好地提高心理辅导课的针对性和实效性,自行编制问卷进行调研。

（二）调查对象

高一、高二的部分学生。各班按学号抽取 10 人参加问卷调查。学号抽取方式是每班的 1、4、8、11、16、20、24、28、32、36 号同学,如遇到预定抽取的学生请假或其他特殊情况,则抽取的学号顺延,如 1 号同学不在学校,则抽 2 号同学。高一年级收回问卷 109 份,有效问卷 105 份,高二年级收回问卷 59 份,有效问卷 56 份。

（三）调查内容

1. 学生对心理课的总体印象。该部分由五道单选题组成。内容涉及对心理辅导课的喜欢程度、课堂氛围的满意程度等。

2. 学生对心理课的内容选择。该部分由三到四道多选题组成,其中的一题是了解学生对心理辅导课主题的总体印象,另外几题列举了心理辅导课的模块和主题内容。

3. 学生对心理辅导课内容和形式的建议。该部分由一道开放性题目组成,征询学生对心理辅导课的建议。

（四）结果与分析

1. 心理辅导课的总体印象

第一,大部分学生喜欢心理辅导课。高一学生中,58.7%的同学非常喜欢上心理课,34.6%的同学比较喜欢上心理课,6.7%的同学选择的是"一般",没有同学选择"不太喜欢"或"不喜欢"。高二学生中,56.7%的同学非常喜欢上心理课,34.5%的同学比较喜欢上心理课,9.1%的同学选择的是"一般",同样,没有同学选择"不太喜欢"或"不喜欢"。

第二,大部分同学认为在心理辅导课中,能得到较多的启发和帮助。高一学生中,27.9%的同学认为从心理辅导课中得到的启发和帮助很多,62.5%的同学认为从心理辅导课中得到的启发和帮助较多,9.6%的同学选择的是"较少",没有同学选择"没有"。高二学生中,30.9%的同学认为从心理辅导课中得到的启发和帮助很多,60.0%的同学认为,从心理辅导课中得到的启发和帮助较多,9.1%的同学选择的是"较少",没有同学选择"没有"。

第三,大部分同学对心理课的氛围感到满意。高一学生中,48.1%的同学对心理辅导课的氛围感到非常满意,41.3%的同学对心理辅导课的氛围感到比较满意,10.6%的同学选择的是"一般",没有同学选择"不太满意"或"不满意"。高二学生中,58.2%的同学对心理辅导课的氛围感到非常满意,32.7%的同学对心理辅导课的氛围感到比较满意,9.1%的同学选择的是"一般",没有同学选择"不太满意"或"不满意"。

第四,大部分同学在心理辅导课中,有"以学生为主体"的体验。高一学生中,80.8%的同学在心理辅导课中经常有"以学生为中心"的体验,17.3%的同学有时有"以学生为中心"的体验,1.9%的学生选择的是"没有"。高二学生中,83.6%的同学在心理辅导课中经常有"以学生为中心"的体验,14.5%的同学有时有"以学生为中心"的体验,1.8%的学生选择的是"没有"。

第五,大部分同学认为心理辅导课对心理素质的培养有帮助。高一学生中,30.8%的同学认为心理辅导课对心理素质的培养很有帮助,选择"有些帮助"的比率是58.7%,选择"帮助不太大"的比率是10.6%,没有人选择"没什么帮助"。高二学生中,41.8%的同学认为心理辅导课对心理素质的培养很有帮助,选择"有些帮助"的比率是49.1%,选择"帮助不太大"的比率是9.1%,没有人选择"没什么帮助"。

2. 对心理辅导课内容的看法

第一,大部分同学认为心理辅导课常有使其感兴趣的话题。高一学生中,54.8%的同学认为心理辅导课经常有感兴趣的话题,45.2%的同学认为有时有感兴趣的话题,没有人选择"没有"。高二学生中,58.2%的同学认为心理辅导课经常有感兴趣的话题,40.0%的同学认为有时有感兴趣的话题,1.8%的同学选择"没有"。

第二,高一年级感兴趣的模块相对集中在"向幸福出发",高二年级较多选择在生涯辅导和青春话题。问卷题目是请同学们从四个模块中选两个更感兴趣的模块。高一年级做本问卷时是在第二学期期中,对于上学期学过的内容的选择为,第四模块"向幸福出发"选择的同学为 64.4%,第三模块"做一棵永远成长的苹果树"选择的同学为 43.4%,第二模块"适应新环境"选择的同学为 42.3%,第一模块"生涯辅导"选择的同学为 39.4%。高二年级对于 2012 学年第一学期学习的内容,选择第一模块"生涯辅导"的同学为 54.5%,选择第二模块"适应新环境"的为 50.9%,选择第三模块"做一棵永远成长的苹果树"的为 47.3%,选择第四模块"健康生活每一天"的为 47.3%。高二年级对于 2012 学年第二学期学习的内容,选择第三模块"青春话题"的同学为 58.2%,选择第四模块"自我探索"的为 49.1%,选择第二模块"向幸福出发"的为 40.9%,选择第一模块"通情达理——换副眼镜看世界"的为 40.0%。

第三,主题选择上,同学们的兴趣具有多样性。问卷题目是从每学期学过的内容中选择最感兴趣的五个主题,几乎每道题都有不少同学选择,相对集中的如下:高一学生对第一学期感兴趣的主题排在前五的分别是"山不过来,我们过去"(65.5%)、"困境之土开出幸福花"(55.8%)、"生命的心流"(51.9%)、"六角形的秘密"(50.0%)和"幸福的秘密"(49.0%)。高二年级对第一学期感兴趣排在前五的主题是"这些年,我们一起要追的梦想"(58.2%)、"规则、责任、生命"(50.9%)、"竞争与合作"(50.9%)、"六角形的秘密"(43.6%)和"如此害怕为哪般?——恐惧症和恐惧心理"(41.8%)。高二年级对第二学期感兴趣排在前五的主题是"情绪管理的高手"(45.5%)、"萌动的青春情"(41.8%)、"非常拍卖"(41.8%)、"关于爱情"(40.0%)和"我是谁?"(40.0%)。

3. 对于心理辅导课的建议

本问卷设计中,该题是开放题,题目是"对于心理辅导课的内容的形式,你认为可以增添或减少哪些?"有 98 名同学进行了回答。其中,有 3 位同学给予肯定,认为"挺好的了,不用增减"。对于心理辅导课的形式比较集中的建议是有 16 人提到增加游戏(好玩的游戏、互动性强的游戏),但另有 1 人提到减少游戏环节;有 3 人提到增加表演环节(如心理剧);有 6 位同学提到增加讨论、分享,但也有 3 位同学提到减少讨论环节;有 3 位同学认为可增添视频或欣赏心理电影;有 2 位同学认为可以玩一个叫"我画你猜"的活动;有 4 位同学提到减少过于理论化的知识学习;有 5 位同学提到概念的教学可以少些;有 1 位同学提到减少记笔记,心理训练、绘画形式可以减少。

在具体内容上各有 1 位同学提到增加以下内容：一些学生在学习上遇到困难挫折该如何应对的主题；梦的解析；关于极端情绪和精神疾病；关于个人成长方面；父母、朋友间的关系处理；压力，自我探索；怎样拥有学习的积极心态；奉献与索取。有 3 位同学提到增加"青春期"或"唯美爱情"的主题。

（五）结论与建议

1. 对心理辅导课的总体满意度高。大部分学生喜欢心理辅导课。大部分同学认为在心理辅导课中，能得到较多的启发和帮助。大部分同学对心理辅导课的氛围感到满意。大部分同学在心理辅导课中，有"以学生为主体"的体验。大部分同学认为心理辅导课对心理素质的培养有帮助。我校一直坚持在高一年级开设心理辅导课，从问卷调查结果看来，心理辅导课发挥了实效，需继续坚持开设心理辅导课，有可能的话，可开设适合部分学生的短课程。

2. 对心理辅导课的内容，大部分同学持肯定态度。大部分同学认为心理辅导课常有感兴趣的话题。在模块上，高一年级感兴趣的模块相对集中在"向幸福出发"，高二年级较多选择在"生涯辅导"和"青春话题"。主题选择上，同学们兴趣具有多样性。相对集中的如下：高一学生对第一学期感兴趣的主题排在前五的分别是"山不过来，我们过去"、"困境之土开出幸福花"、"生命的心流"、"六角形的秘密"和"幸福的秘密"。高二年级对第一学期感兴趣排在前五的主题是"这些年，我们一起要追的梦想"、"规则、责任、生命"、"竞争与合作"、"六角形的秘密"和"如此害怕为哪般？——恐惧症和恐惧心理"。高二年级对第二学期感兴趣排在前五的主题是"情绪管理的高手"、"萌动的青春情"、"非常拍卖"、"关于爱情"和"我是谁？"。总体看来，心理辅导课的内容适合高中生的心理需求，同时有些经典主题需进一步优化，并增加新的主题。

3. 在心理辅导课形式方面，可以适当增加活动的形式，内容方面可增加青春期话题的比重。如何开发、设计适合高中生的有趣、有益的活动，引导学生感悟将是以后教学设计的一个思考方向。

第二节 心理社团活动

……

当小组中的一位组员在攀岩时，其他人都要成列地坐在地上，紧紧拉住系在攀岩组员身上的那根安全绳。也就是说，攀岩组员的安全就握在每一个其他组员的手里。

……

在轮到我之前，我一直紧紧拉住绳子，虽然手指僵得伸都伸不直，可我还是不敢放松一点点，因为我清楚我手里握的是我的组员的安全。终于轮到我去攀岩了。在攀岩之前，我回头看了一眼我的组员，她们冲我微笑着。转过身，不去多想，我开始攀岩了。刚开始的时候当然很容易，我一蹬一拉，觉得自己身轻如燕。但不一会儿，我的手臂开始酸了，而这时周围突兀的岩石又全变成了一些又小又滑、根本拉不住的圆石。我进退不由地停在那儿，不知该怎么办。力量在不知不觉中被消耗着。我试了试在我右上方的一块比较大的圆石，不行，滑脱了，重心不稳，还差点掉了下去。这时我听见我的组员在下面喊："左边，看左边。"我转过头，发现左边是有一块可以拉住，但似乎离我太远了。我贴着墙尽力去够，但只摸到一点点边。怎么办呢？我快不行了，手好酸，放弃吧，算了。这时，我听见她们大喊着："娇妮，加油！娇妮，加油！"同时，一股往上提的力量由安全绳传给了我——大家在拉我往上。我转不过头去看她们，但我知道她们一定很累，手指都僵了，又红又痛还要用力把我往上拉。借着她们送来的力，我够到了，顺利地攀了上去。到了顶端，下面的工作人员要我把手松开，不拉着任何东西。如果没有任何保护，把手松开，人就会往后倒，从几十米高处摔下去。所以，如果我的组员们没有拉紧，我就会和没有受到任何保护一样做自由落体运动。但是这次，我没有多想，没有犹豫，闭上眼睛，松开了双手。我被慢慢地、一点一点地放了下来。

……因为我们都曾试着放手，都毫不保留地将自己的生命托付给他人。

这是娇妮（化名）同学在参加完心理社团拓展活动后所写的心灵感悟：攀岩既训练了学生的自信意识，又培养了学生的责任感，因为自己的手维系着别人的生命。这就是心理社团活动给予学生强大的心理支持。

一、 学校心理社团的组建

我校的学生心理社团由两股力量组成，一股力量是来自高一或高二的同学们的自主选择，报名参加心理社团，活动时间在学校安排的社团课时间，有时也会在课外安排活动，另一股力量是来自三个年级，活动时间主要是在课外。

学生报名后,在第一次社团活动时间通常会拟定社团活动章程。以下列举了心理社团的章程。

(一) 宗旨

通过自主学习和探索研究,学会提出问题、发现问题、解决问题,培养主动学习、独立思考能力和创新能力;提供大家一个自主发展的舞台,发展表达能力、组织能力、自我调节和监控能力;创设环境,使大家通过互助、他助、自助的互动,更好地调节自己的心理,关注自身与他人心灵成长。

(二) 权利

1. 社团成员享有一定的民主权,可提出加入、退出社团,可对社长进行监督,享有对社团活动提出建议的权利。

2. 社团成员享有参与权,即可参与一切社团组织的活动。

3. 任何成员享有与其他社员平等的权利。

(三) 义务

1. 在进行小组辅导活动中,小组成员应遵循坦诚、保密原则。

2. 每位成员必须进行课题研究,与课题成员共同完成课题研究。每学年,各课题小组必须交出一份研究小论文,并在此基础上,进行交流展示。

3. 成员需准时、积极、主动参加社团各项活动,群策群力,完成各项活动。

(四) 形式

有心理沙龙,即组织同学就热门话题进行交流、讨论;有宣传心理健康知识,如:出黑板报、为校刊《心理 ABC》撰稿;有《心灵之约》广播节目,介绍心理健康知识,探讨有关热门话题,使大家在同龄伙伴的互助中更好成长;有小组辅导与心理训练;有乐趣无限的心理小测验;有同辈辅导活动;更有心理社团同学主持的面向学校同学的主题活动……只要有新的创意或点子,我们随时都可以进行更改。同时,更欢迎每一位成员提出自己的意见和想法,使心理社团的活动日益丰富,日益完善。

(五) 考核制度

每学期末,通过成员出勤情况、活动态度及完成情况这三方面进行考核。考核采用自评、小组成员互评、教师评定相结合的方式。

(六) 负责人有关制度

1. 负责人(社长)在该社团成员的"公正、公平、公开"的选举中产生。

2. 社团负责人应带领各成员积极开展各项活动,并对社团所有事务负责。

3. 通过社团活动的情况对社团负责人进行考核,并可在任何时候根据半数以上的社团成员的要求进行重新选举。

(七) 经费制度

经费的使用必须得到指导老师、社长及各社员的同意,并且经费的使用必须全部使用在社团的活动中。经费的支出必须先通过报告形式向有关部门提出合理计划并得到同意,经费的使用过程必须公开合理,使用完毕后必须向有关的部门提交经费使用报告并得以承认。

组建完来自三个年级的同学的心理社团后,在初相识活动上,邀请学校负责心理健康教育工作的领导给同学们寄语。然后由心理老师组织开展"名字游戏"活动:社团成员来自不同年级、班级,他们是谁,是怎样的人,我们会有几分好奇,今天我们的活动目标之一就是要初步熟悉彼此。我们在很多的课堂上,如数学、物理等,主要在凭借什么进行学习? 是我们的理性思维。今天我们要尽可能对整个身体做训练,开启各种感觉,如听觉、视觉、触觉等。

成员围成大圈而坐(如人数较多,可 7 个人围成一个小圈,组成多个小圈)。老师先说明规则,从自己开始做,说:"我叫某某"(可以是与名字有关,也可以是你取的愿意被大家记住的一个昵称),同时做一个动作。第二遍时大家一起做(鼓励大家大声说)。每位成员依次进行。

交流分享:你是怎样认识别人的? (心理老师需做观察,观察参与者的表现。注意控制时间。)

竞猜活动:你可以说出 15 位同学的称呼吗? 可以说出 10 位以上吗? 如有,请同学说说记住的同学的名字,并分享自己是怎样记住这些名字的。

二、 学校心理社团与同伴辅导

(一) 学校心理社团涵义

学校心理社团就是运用心理辅导中同伴辅导的力量,通过学生社团的组织形式开展心理健康教育。这种心理健康教育形式可以充分调动学生朋辈的积极性,达到相互心理支持的作用。同伴辅导不是心理咨询题师的咨询,但需要接受一定的相关培训。

（二）同伴辅导涵义

同伴辅导即朋辈辅导，有点像好友之间诉说心事。据统计，普通人群中85％的人，在生活的不同时期，或多或少都会有一些问题和困扰，可能是婚姻关系、亲子关系，或是工作压力、人际冲突。如果这些问题在早期就能得到帮助和关心，就不至于越来越严重。比如说一个人很爱生气，如果有人早点帮他分析生气的原因，告诉他一些控制怒气的方法，那么可能就不至于怒气积累得越来越多，终于有一天像火山大爆发，严重伤害了自己和身边的人。同伴辅导与好友间诉说心事是有些不同的，这些辅导员都接受过一定的技巧和知识的培训。好友有时可能没有相关的知识，比如如果好友对抑郁症没有一些了解，可能不一定能很好地帮助他们。当然，如果好友接受了抑郁症主题的辅导培训，那对抑郁症的人会是很大的支持。

学生同伴辅导员就是学生中像朋友一样的同辈心理辅导人员。这一概念有如下含义：学生同伴辅导员来自普通学生，是普通学生中的一员，对教师而言是学生，对学生而言是同学。他们是以学生的身份参与学生心理健康教育工作，主要扮演同学或朋友之间的倾听、共情、沟通和帮助、支持、引导的角色，发挥的是协助和心理支持以及信息沟通的作用，有别于老师和专业的心理健康教育工作者。因此，学生同伴辅导员工作上要注意把握分寸，对同学的心理健康问题不能不管不问，也不能大包大揽。

（三）学生同伴辅导员培训

通过心理社团，实施学生同伴辅导员培训具有重要意义。学生同伴辅导员是构建学生心理健康教育网络的需要，是建立健全学生心理信息系统的需要，是创造"自助助人"校园环境的需要，是学生自我教育与自我管理的需要。这些学生同伴辅导员需要通过心理社团的形式来接受培训，并成为班级同学的知心伙伴、班级学生的心理观察员、班级心理活动的组织者、学生与老师之间的心理信息传递员。

（四）学生同伴辅导员的工作职责

学生同伴辅导员的工作职责主要是：

1. 在日常学习生活中，帮助同学调整情绪，化解学生的心理困惑，协调同学关系，必要时建议同学接受心理咨询。

2. 组织班级学生开展心理活动（如班会、集体活动等），推动班级形成良好的心理氛围和健康的人际关系。

3. 关注同学中的心理健康问题，及时向心理辅导员、班主任汇报。

4. 定期开展工作经验交流和接受培训，及时接受心理教师的督导。

5. 参加学校心理健康教育工作小组组织的有关心理健康教育活动等。

（五）学生同伴辅导员的素质要求

第一，要有爱心、热心、耐心、细心和同理心。做到与同学相处有同理心，体察同学的心理变化和喜怒哀乐有细心，关心同学有热心，帮助同学有耐心，照顾同学有爱心。第二，具备关爱心灵、触抚生命的理念。香港的林孟平博士说过："心理辅导就是触抚生命，没有这样的理念，再高妙的理论和技巧都不能有助于生命的成长。"第三，具有良好的自我认知与自我同一性。只有人格完善和谐，自我意识清晰，自我优缺点清楚，接纳并喜欢自我的人，才能较好地把握和处理自己与同学的关系，建立起和谐友善的人际网络，以平和的心境和稳定的情绪对待和帮助同学的心理救助。第四，具有积极的心态（想法、情绪）。第五，遵守心理咨询的专业伦理和有关保密原则：不歧视求助者；让求助者了解心理咨询工作的性质和特点；对不适合自己的求助者及时转介；向求助者说明保密原则及应用这一原则的限度。

三、 学校心理社团工作思路及做法

（一）工作思路

以积极心理学和发展性心理辅导为工作理念，以"倾听心声，一起成长"为主线，借助课内、课外双渠道开展活动。通过各种活动的开展，充分发挥心理社团成员的主体作用，使成员通过互助、他助、自助的互动，关注自身及他人心灵成长，创新发展模式，促进心理社团建设，为营构以"自主"心理机制为核心的我校心理健康教育作出一份贡献。

（二）工作做法

1. 以高效有序的组织运作机制，为社团的发展护航

"创而不能立"是很多中小学心理社团遇到的尴尬，创建之初的信心满满常常被混乱的管理、低效的工作和有限的资源（如场地、活动经费）等诸多问题一点点地夺走，最终导致心理社团的销声匿迹。要避免这种尴尬的局面，就需加强社团建设，而建设成败常在于自我管理，它需要一套严格的管理制度、行之有效的

管理方法和可行的活动组织措施。在组织管理上,我校心理社团直接由学校心理健康教育中心工作小组管理,接受该小组的培训和指导。心理社团参照学生会的组织管理,管理机构设社长一名,副社长两名至三名,分别负责宣传组织、活动策划、心理观察等主要工作的组织与开展,成为一个完整的系统。在社团创建之初我们就制定了全面明晰的章程制度,既明确了社员的权利和义务,也具体了组织管理机构的工作要求和分工细则。对每位成员强调了管理制度、考勤制度和奖惩制度(如评选优秀社员),这些规章制度是在大多数社团成员同意下制定的,且会有动态的调整,规章制度的制定和实施,保证了社团的有序运转,为开展各种独有特色的活动提供保障。另一方面,我们完善反馈、评价机制,自评与他评有机结合,注重过程性评价,真正发挥评价的教育功能。同时,动态的评价活动将评价过程变成了学生主动参与、自我反思、自我发展的可持续过程,评价结果也更加全面、真实,通过合理评价调动成员的参与性,激发自主性。

2. 以自主的社团活动课和主题培训为载体,提高社团同学自助、互助水平

联合国教科文组织在《学会生存》中指出:"未来学校必须把教育对象变成自己教育自己的主体。"针对学生的心理健康教育也一样,因为人有能力去发现自己心理上的适应不良,可以通过改变自己来寻求心理健康。一次一次摸爬滚打的锤炼,能激发学生发挥自身潜能,形成良好的人格品质,达到心理健康的状态,据此我们在社团工作中强调学生的主体性。我校心理社团的核心成员是高二年级社团活动课的成员,他们在排入课表的每周两课时的社团活动课上,通过形式多样的学习方式(如指导老师的讲授、活动体验、观看视频、团体辅导与训练、心理沙龙、心理剧工作坊),对心理辅导的理论和技术、心理测验的种类和运用、高中生常见心理问题的识别与辅导、心理剧及其应用、团体心理辅导等有了一定的了解、认识和体验,增进了自我调适和助人的能力。每学期初,社团成员根据自己的兴趣,自主选择课题,在社团老师的指导下对感兴趣的心理现象进行研究,社团成员还会以2—3人的小组形式,在社团活动课中围绕某一主题主持活动。社团活动课力求把更多时间、空间留给学生,使社团活动课真正成为我们(学生和老师)的课堂。对于社团活动课外招募进来的成员则主要通过专题培训(如同伴辅导员的辅导技巧、心理危机与预防)和心理沙龙的方式,促进他们自助、助人水平的提升。

3. 以丰富的课外活动为空间,促进社团同学关注他人心灵成长

课外活动是学校课堂教学的延伸性活动,它既可丰富学生的课余生活,也可为学生提供一个自主发展的时间与空间。我校心理社团开展的活动有的是社团自行开展的,有的是结合学校活动开展的,如在 2014 年 5 月心理健康教育活动月中,心理社团通过板报宣传、心理小报、每周活动宣传和上周活动小结(晨会课,以广播方式)等多样化的宣传活动开展,进一步优化了心理健康教育的环境。通过主持"心随影动"心理影片赏析、"心理加油站"美言征集、心理测试与咨询、心理漫画赛、"心之语"传递活动、"心理健康公约"宣传与签名、"让音乐舞动心灵"主题活动、"放飞心灵,走进社区,将爱传递"主题活动等九项各具特色的、形式多样的活动,促进成长。在实践中,我们总结出开展社团课外活动的五个步骤:(1)同学制定活动方案。(2)教师和同学共同完善方案。(3)同学预实施方案,修改方案。(4)同学组织、主持活动。(5)同学撰写心得,教师和社团同学共同反思、总结。通过这样的五步骤,保证活动的有序开展。活动开展前,社团同学需要与学校老师、学生会学习部、宣传部、电视台同学协商,这些工作锻炼了社团学生的组织能力与交往能力。活动进行中,社团同学走进同学,共同参与,促进了对他人心理健康的关注,增强社团学生的助人意识,提升了助人能力。

四、 指导学校心理社团的几点经验

(一) 以"学生自主为主,教师指导为辅"的模式,加强社团的建设与指导

要使心理社团成为一个积极主动的辐射源,向外扩大影响,发散力量,需保证社团的相对独立性,发挥社团成员的自主性。在我校社团开展的多项活动中,以学生自主为主,社团同学站前台,唱主角,老师在后台,给支持,社团老师的角色定位除指导者(而非老师)之外,同时还是"放手,陪学生走一程"的陪伴者。另一方面,心理社团要实现自助助人的目标就需要专业的心理健康知识和技能培训,需要心理健康教师的指导与规范,否则,它的活动仅是社员们自娱自乐的节目,社团本身难有纵向提升,长此以往就会缺乏内在吸引力,据此,社团也需要教师的专业指导。

(二) 践行"三个结合"的工作思路,开展学生自主社团活动

国际心理学联合会在 1984 年曾指出:"心理辅导强调发展的模式。所谓发展的模式,是指心理辅导的目的在于努力帮助辅导对象扫除正常成长过程中的障碍,而得到充分的发展。"而要让学生得到充分的发展,就要以学生的发展需要

为基础,顺应学生心理发展水平,只有尊重学生自主创造、自主发展的内心需求,科学组织活动,社团才能焕发出生命力。依据这样的理念,我们提出了"三个结合"的工作思路,指的是社团工作的开展"与学生、社会需求相结合"、"与丰富的课外活动相结合"、"与研究性学习相结合"。践行"三个结合"的工作思路,我校开展了多项自主社团活动。如,社团同学主动参与我校每年心理健康月的活动,发挥了积极作用,我校连续三年获上海市心理健康教育活动月特色项目奖或优秀组织奖,这些奖项的获得,与社团同学的努力付出是密切相关的;社团成员到社区发放心理健康知识的宣传品,到精神疾病康复阶段的老人家中提供心理支持;高二社团的同学组成多个课题小组,自主选择心理课题,体验了研究过程,促进了自主探索的意识和能力的提高;应同学的需求,社团指导老师在高二社团开展了"提高高中生积极情绪"团体心理辅导活动(每周一次,共九周,2010.10—2010.12)。这些活动的开展,促进了学生的心灵成长。

(三) 创新活动形式和内容,彰显社团活力

我校心理社团以活动为载体,通过创新活动形式和内容,激发社团活力,心理社团组织的众多活动深受同学们喜爱。如2012年心理健康教育活动月中,社团同学精心设计了"倾听心声、一起成长"我写我心活动,活动目的是让更多同学抒发心声,互解疑惑。具体操作是:将一块移动大黑板通过绘制边框,分为两个区域,学生把心声或解答写在便利贴上,贴到黑板上。一个区域标题为"听心阁",在这里同学们可以抒发心声或困惑,另一个区域为"回音壁",在这里同学们可以对同学写的心声或困惑作出回应。活动持续一周,每天中午有社团同学负责组织,活动结束后,该活动主持同学对贴在黑板上的内容归纳、整理。为能使活动顺利进行,同学们做了积极准备,如黑板报的设计与绘制,购买贴纸。还考虑到细节,如在活动时间安排上,有成员提到如果12:30开始(我校各类中午活动大多是12:30开始,同学们12点下课),同学们都已回教室去了,该活动主持同学提议负责当天活动的同学一下课就赶往活动地点,活动时间提前到12:10分,不去食堂吃午饭,自己准备好干粮,提议得到社团同学的积极响应。这次活动同学的参与度很高,大黑板上贴满了颜色、形状各异的便利贴(大约有200多张),便利贴写的内容有祝福、有梦想、有愿望、有抱怨……该活动给了同学抒发心声、互助成长的空间,得到了参与活动同学的高度认可。这类有新意的活动,给社团注入了正能量,激发了社团的活力。

五、 学校心理社团取得的成效

（一）促进了社团同学的心理成长，培养了一支以社团学生为核心的学生心理健康教育队伍

"听心阁"社团的主旨是"创设环境，使大家通过互助、他助、自助的互动，更好地调节自己的心理，关注自身与他人心灵成长。"在老师的专业指导下，社团同学通过参加形式多样的活动，体悟心灵，增强自信、自尊、自为，促进了自身的心理成长。如，高二(2)班某位同学说道："通过这次的心理剧表演，我更加明白了生命的重要意义。人生总有起起伏伏，不可能一帆风顺，我们唯一所能做的就是及时地调整自己的心态，乐观面对生活！没有任何困难可以打倒我，只要我活着！"高二(7)班某位同学感言："拓展活动由我主持，让我也体验了一回当大型活动主持人的感受，平常都是站在主席台下，这次可以站在主席台上，感觉着实有了巨大的不同。肩上担负着老师给予的责任，台下同学们眼中的期望，都让我一定要做到最好，这既是一个挑战，又是一个很好的机遇，它教会了我要勇敢，要敢于面对这些挑战，胆大心细，勇于承担。"

（二）促进了我校学生的心理成长，推进了我校心理健康教育的深入开展

高中生正处于心理由幼稚走向成熟的时期，集中表现出一种成熟前的动荡性，如思维敏锐，但片面，容易偏激；热情豪爽，但容易激奋，有极大的波动性；在对社会、他人与自我关系上，易出现困惑、苦闷和焦虑；对家长、老师表现出较普遍的逆反心理和行为；较易接受同伴影响。考虑到高中生的心理年龄特点，让社团同学自主具体策划、主持活动，使得参与活动的同学与活动主持人的心理距离更近，活动内容和形式更贴切学生，充分发挥同伴互助的作用，促进了我校心理健康教育的深入推进。受过培训的同伴辅导员负责对身边表现异常或患有严重心理问题、精神障碍的同学进行早期识别与报告，有利于发挥学生心理危机干预预警作用，且同伴辅导员适当开展朋辈辅导工作，能及时有效地为身边的同学排忧解难，在互助中成长。

六、 学校心理社团特色活动列举

最近几年，学校心理社团的特色活动是心理剧在社团活动的运用。以下做详细介绍。

(一) 心理剧理论与技术

心理剧在 20 世纪 80 年代作为一种新的咨询方法被引入中国。心理剧的创始人莫雷诺(Dr. Moreno)对心理剧作过至少六种不同的定义,如"一种有治疗目标的心理治疗方法","一项带有刻苦修行者理想的戏剧艺术形式"等。心理剧研究的权威学者科勒曼说道:"在心理剧中,参与者们被邀请重新演出一些意义重大的生活经验,当下,他们的主观世界有了团体的帮助。生活的每一层面都可以重新演出……心理剧中的场景饰演出生活事件可预测的发展变化或是突发的危机个体内在的冲突或是纠结的人际关系……"(Kellerman,1992)。心理剧团体辅导与其他团体辅导的主要区别是:当事人不仅可以用言语表达和诉说,他更需要走进舞台创造情境再现,在导演的引导下自己搭建演出场景,邀请辅角扮演某些角色,让自己有机会再回到当时的情形。莫雷诺强调心理剧具备以下三个特点:(1)再创内心情境;(2)尊重主角的现实性;(3)自发性。心理剧可用于个别咨询,也可用于团体咨询。20 世纪 90 年代以来,我国学者在心理剧对心理问题的干预方面有一定探索,如王怀静[①]在对 44 例住院抑郁症患者的研究中发现,用心理剧治疗后,患者的抑郁自评量表得分显著降低,表明心理剧治疗对抑郁症患者有一定疗效。孙秀娟[②]等对 100 例强迫症患者采用心理剧治疗,发现心理剧可以巩固患者的疗效,改善焦虑、抑郁情绪并提高生活质量。

1. 涵义

校园心理剧是指利用与生活相似的情景,通过行动表达的方法与技术,以舞台表演的形式重现生活情景中的心理活动与冲突,使当事人与参与者认识到其中的问题,当事人自己或在参与者的协助下解决问题,促进当事人、参与者认知领悟、情绪表达和行为改变[③]。校园心理剧可以运用到心理健康课、心理主题班会、团体心理辅导活动之中。学校还可以定期举办校园心理剧演出活动,借助这种方式开展对学生的心理健康教育活动。

2. 主要形式和特点

(1) 主要形式:剧本情景剧和即兴情景剧。

---

① 王怀静. 心理剧治疗对抑郁症患者的作用[J]. 中国民康医学,2009,21: 2124—2125.

② 孙秀娟,楚平华,韩凤珍. 心理剧治疗对强迫症患者焦虑、抑郁及生活质量的影响[J]. 精神医学杂志,2009,6: 451—453.

③ 邓旭阳,桑志芹. 心理剧与情景剧理论与实践[M]. 化学工业出版社,2009.8: 173.

（2）特点：自发性，即需要参与者自发主动地理解角色的内心活动，释放自己的内心情绪，真实地面对团队；创造性，即剧情的选择、编排有新意，角色需创造性演出；主题性，如人际交往、学习困惑、自我成长、游戏成瘾等容易导致内心冲突的主题；教育性，即通过演出，起到行为示范的作用或激发思考，找到适合自己解决问题的办法，或当自己以及周围的人遇到与主题有关的困难时，有更多的理解和包容，并知道如何提供帮助；戏剧性，即通过一定的服装、灯光、音乐等来突出情景冲突，以形象、生动、夸张、浓缩的方式着重展示人物的内心冲突，增强演出的感染力和趣味性。

3. 要素和过程

（1）要素：主要包括舞台，主角（通常是自发自愿产生），导演（经过情景剧训练的心理健康教育工作者，不替主角说话，作支持者和引导者），辅角（经过专门训练或主角挑选的），观众（封闭团体的成员，或公开演出的观众，或开放团体的临时参与者），事件（团体共同关注的话题，由团体选择事件）。

（2）过程：具体过程包括准备、暖身、演出、分享等环节。

4. 常用技术

（1）准备技术

第一，专业训练的演出团队的准备。至少需 8 次，每次约 2 小时的自我成长与技术的学习训练，确定成员可能出演的角色，经过评估再进入排练环节。有时需事先编写剧本，并在排练中反复修改剧本。

第二，设景技术，主要是布景要素和布景过程。布景要素主要有地理空间，即什么地方、什么环境，如教室还是操场，城市还是乡村，如是教室，那么其中的桌椅摆放如何；生活状态，如是家庭生活场景、学习场景还是交往场景；时间维度，即过去景还是现在或将来景；具体时段，是 200 年后还是 10 年后；感觉元素，即调动五官参与，如视觉有灯光大小和颜色，听觉有声音大小、音乐风格，嗅觉有空气中弥漫的气味，是自然的空气还是薰衣草的香味；舞台，建议小型、观众不宜太多，椅子最好能移动，便于互动。

布景过程包括：选择事件。选定舞台：如果是固定的多层舞台配上可调大小的灯光、音响，可直接选择舞台的某个位置；如果成员是平地而坐的，中间可以用赋予力量的彩布围成的圆圈作为舞台，同时该舞台可以变大变小；在具体演出时可以遵循主角或演出小组的意见，在圆圈舞台中确定某个位置作为实际演出的空间。确定方位：将需要呈现的人、物、景,按照剧情中的位置、方向来安置,这样有助于演出者清理自己记忆中的空间,触发更多与演出事件相关联的体验。道具安排：准备尽可能多的不同颜色、质地的彩布,即兴演奏的打击乐器,可能的服装,动物卡、性别认同卡、身体卡等卡片。注重感受：适时关注角色在场景中的感受,可询问是否舒适,高兴,是否有些担心、害怕,关注角色的感受与需要创设的感受是否接近。确定时间：事件是在什么时间发生的? 如果是现在,在这里,你看到了什么? 安排人物和角色：剧中有哪些人存在? 这些人分别是什么角色? 与主角的关系如何? 安排在什么位置?

（2）暖身技术

暖身是情景剧演出中现场推进团体气氛和动力发展的重要过程,因此我们特别提出和强调暖身技术的应用。

第一,舞蹈暖身,也可以借助图画或图片,让成员看了之后,再编舞蹈,并表演出来。

第二,音乐暖身,也可以使用乐器,几位成员选择自己喜欢的乐器"即兴演奏",成员做内心交流,再请演奏者表达所要表达的东西,然后再由一位成员先演奏,其他成员配合,演奏出和谐的旋律。

第三,光谱图,是莫雷诺提出的社会测量方法中的一种。使用光谱图可以了解各个成员对自己和团体状态是如何评估的,帮助演员、导演了解整体状态,为团体的发展做暖身。具体做法：首先,确定尺度,导演用不同颜色的抱枕或辅角来分别代表光谱线的两端,两端之间连结着一条由多个点所连接的直线。两端呈现的是两极的向度,A端代表很多（长、快乐）,B端则是很少（短,痛苦）,也可比喻为"0—10分"的坐标线,0分代表很低,10代表很高,成为"会说话的光谱线"。然后,导演确定问题或测量目标,团体成员根据自己的情况在AB两端组成的直线或"0—10分"的标尺上选个位置代表自己的状态。最后是表达,团队成员用行动去选择,不讨论和讲话,选择完毕,交流自己的选择。引导两端的辅角用夸张方式（语言或行动）表达,如"我感觉我很快乐,就像飞一般的感觉","我很难受,就如在十八层地狱中"。

第四,行动式的社会计量。它是用搭肩测量做活动,以增加团体的凝聚力,促进成员更多叙说与分享。首先,走动选择,请成员围圈而站,根据导演的要求来选自己最想选的人,把手搭在对方的肩上。然后,依据导演提出的话题,团体成员分享。如:"我选择你是因为或由于(基于)……",两位成员面对面分享相关内容,其他人需要转身面对正在分享的两位成员,并倾听。分享完后,分享者可放下搭在对方肩上的手,倾听其他成员的分享。

(3) 演出技术

第一,角色互换。它是指主角在心理剧中扮演其他一些人或物的过程。其目的是帮助主角深入认识重要他人。例如主角是一位高中生,来自于一个重组家庭,她母亲离婚后再婚重组家庭,后又生了一男孩。主角与母亲关系紧张,经常吵架,心里认为母亲更喜欢小弟弟(这年她弟弟 7 岁)。

场景:家中人都在客厅,主角深夜归来,与母亲在家中客厅争吵,母亲认为女孩子不能很晚回来。主角的替身(用一般的音量):"你们都有谁关心我,家中没有人听我说话,我根本是多余的,还回来干什么?"主角在替身的帮助下喊道:"你们都有谁关心我,家中没有人听我说话,我根本是多余的,还回来干什么?"辅角(扮演母亲)演出母亲的愤怒:"你根本不懂事,我们怎么不关心你,我也有自己的工作,你可不可以长大些。"导演让主角扮演母亲,喊道:"你根本不懂事,我们怎么不关心你,我也有自己的工作,你可不可以长大些。"主角恢复原先的角色后,辅角(扮演母亲)把上述话语重复了一遍,并且把母亲的情绪加以扩大:"我好累! 女儿。"经由角色互换,主角感受到争吵背后的深层涵义,对母亲多了一些理解。

第二,替身技术。一个配角站在主角的身后与主角同台表演,或替主角说话,这个配角即是替身。目的是协助主角把没有体会到的感受表达出来,以扩大主角的觉察范围。替身可以模仿主角的内心思想和感受,并时常表达出潜意识内容。替身的工作包括复现主角的非言语表达,并以此为线索找出那些尚未被说出的话(自我压抑或自我监视的思想和感情)。替身以某些方式收听那些没有被主角表达出来的东西,并把它们说出来或用其他方式表达出来。

在使用替身技术时,有一点应当引起我们的注意:虽然替身技术的使用能够有效降低主角的防御,但如果导演处理不得当,反而会带来主角心智的分裂而非整合。因此在使用替身技术时要谨慎。当主角有多重矛盾的感受时,导演可以采用多重替身技术。多重替身可以参与到心理剧中,展现主角的多面性,表现主角内部状态、渴望、优点和缺点。

第三,独白技术。它是指主角独自表达内心感受和想法的技术。独白技术有助于主角表达并澄清未觉察的想法,更明显地体验情感。通常的做法是,主角在一些适合进行独白的情境(走路回家时或放松休息时)以口语描述内在意识流动过程,也可用于暖身或分享环节。

第四,魔幻商店。它是一种用于澄清目标和审视个人品质或价值观选择的有效方法。具体做法是:首先,暖身和身份确认。导演作引导,指导语类似如下:"魔幻商店是一个非常特别的商店,你可以用任何代价买到任何东西,但有一个限制,你只能用人所特有的东西交易。另一件事是,魔幻商店的老板对钱是没有兴趣的。不仅如此,在这里,人的某一种特质换另一种特质,在这里只是当成一种交易。你开始了解了吗?如果你愿意开价,可以得到任何吸引你的东西,如愤怒、贪婪、仁慈、幽默、谦卑。但在开始之前,我们还得知道,魔幻商店开在哪里。"花2—3分钟,让成员闭上眼睛,静下心来,具体清晰地想象魔幻商店开在什么地方,店主的态度如何,周围环境如何,越具体详细,越能起到催化暖身作用,由此暖化出愿意开店的店主和购买品质商店的主角。接下来,澄清顾客想要的品质或价值观,如从谁那儿得到,什么样的条件可以被接受。然后,协议交易价格,店主解释用来交换的是顾客的某一特质,导演还可以请主角和辅角去请问观众"合理的价格到底是多少"。再然后,买卖成交,主角常会犹豫,需鼓励主角行动,或通过对话促进主角自我反思和做出新的选择。询问如果没有那刚被放弃的特质会有什么感觉。在后面的象征性演出中,主角或许会体会到,他放弃的事实上是对他相当重要的东西,在另一方面,得到的未必是原来期待的东西。最后,意义引申讨论,对过程和结果进行讨论。讨价还价的过程提供了自我暴露的资料,能促进自我探索。

第五,镜照技术。当主角过分密切地涉入剧中以至于不能形成对他们自己或他人行为的批判性看法时,导演可能要求主角走出场景,观察团体成员中的另一位成员扮演主角的角色,即镜照技术。"镜照技术让主角可以在观众及导演的角色间转换,并旁观看由辅角来扮演自己的过程。这就像录影重播一样,感觉有一点'距离',像在观看他人的故事。而就在这种观看下,主角看到了拒绝面对的另一面,从新的角度重新诠释生活。"①

第六,未来投射技术。它是用于帮助成员表达、解释自己对未来的看法、期

---

① 黄艳. 心理剧治疗的理论与实践[D]. 烟台:鲁东大学,2006.

望和感受的一种技术。

莫雷诺认为当来访者用行动来描绘他怎样思考自己的未来时,他的未来就将被塑造成那个样子。具体做法:确定要演出的未来场景,仔细地铺陈出未来的某个特定场景,呈现。要鼓励发展其想象,不仅符合逻辑,且可以使之变得轻松、幽默,具有戏剧色彩,但不能成为只是搞笑的演出。

第七,雕塑技术。它是社会网络图的行动表达。其功能有:以客观具体化的画面,使主角由立体呈现看到自己的盲点;容易引发角色扮演者的直觉与情绪;超越语言的限制,借由身体的感觉,将某一种经验或关系作具体化的体会。

第八,放大。特别适用于大型团体,它指由导演或替身大声重复主角之前所说过的话,或者鼓励主角以一种更肯定、具有力量的方式重述之前说过的话。目的是协助主角清楚地表达内心想法与感受,加强成员间的情感连接。可用于暖身,如进行自我心像的投射表达时,让成员站成两排,两人一组,互相对话,先后交替进行。内容是:“我是……(一朵云),你呢?”“我是……(一座山),你呢?”当成员声音小时,导演助手作为替身大声重复,让整个团队听见。

第九,情绪交通灯。根据道路交通灯原理而创新出来的技术,适合较大群体(30—60人)的演出。具体做法:“首先,将团队分为三队。红队、黄队、绿队,以服装、帽子或头巾颜色区别。红队代表矛盾冲突,黄队代表理性思考,绿队代表问题解决。接下来,问题呈现:由红队队员讨论5—8分钟后,用心理剧形式表演一个日常生活中的矛盾和内心冲突。接着,思考应对:黄队成员用3—5分钟分析矛盾和冲突,提出解决问题的可行性方案,用语言表达。然后,行动演出:绿队队员听取黄队的想法,结合自己的经验思考5分钟左右,具体演出最有效的解决方法,可以是不同于黄队的其他多种方法。接下来,进行分享:分享时遵从三不原则,即不批评、不建议、不比较。最后,讨论与引导:结束后,再循环更换红、黄、绿队的演员,通过不同角色扮演,使每个成员都体验到矛盾冲突、冷静思考及问题解决的三个阶段”,[①]使成员的认知水平与情绪调控能力得以提高。

第十,留白。中国画有一个留白技术,在一张宣纸上,先画上几笔,勾画出某

---

① 石红. 心理剧与心理情景剧实务手册[M]. 北京:北京师范大学出版社,2006:151.

种意境的图像,接下来让观看者去想象。借鉴这种技术,心理剧演出中将一些贴近学生的心理个案,和来自心理咨询或日常与学生接触,或来自班主任的个案改编为情景剧,让几个同学来演个案的前半部分,留下后半部分的情节和结尾让全体同学来思考可能出现的不同情节和结尾。旁白一般会用类似这样的语言加以引导:"请问在你看来有什么办法呢? 故事后来又会怎样发展呢?"

第十一,三椅子技术。目的在于促进成员更立体、全面、深刻地表达自己,促进自我觉察和问题应对能力的提高。首先,选择三把椅子,分别代表过去(左)、现在(中)和未来(右),用椅子确定某主题中需要展示的剧中主角生命成长过程中三个阶段的变化状态和情节。接下来,请主角扮演者依次坐在代表过去、现在和将来的椅子上,并将具体情节状态加以演出表达。然后,三位辅角分别扮演主角的三个时空状态,而主角站在靠近代表现在自己角色中的椅子后,做镜像观察。演出结束后,由主角谈谈观察体会,辅角谈自己的感受。最后,全体观众分享自己的生活经验与感受。

第十二,旁白(画外音)。旁白是通过言语方式表现剧情发生的背景、角色内心活动、冲突等,是一个烘托气氛、刻画人物内心世界的重要方法。一般情况下以画外音的形式出现。类型有情景旁白,解释事件发生情形,如"事情的发生在……";角色旁白,表示人物内心。

第十三,生命雕塑。目的是推进情感表达、自我认同、成员间彼此心灵连接。通过一定的道具,如各色橡皮泥、彩纸,或者各种形状的人、物体等塑料模型,将自己记忆中印象或感受最深的一件事情表达出来,并与成员分享。步骤是:首先,暖身活动。指导语为:"请大家轻轻地闭上眼睛,想象自己过去生活中最难忘、感受最深的一件事是什么……当你想好后,睁开眼睛,选择你喜欢的且能表达你内心感受的材料,找一个地方,静静地把它捏出来(或摆出来)。然后,生命塑像的演出,包括生命回放,回想过去生命中的经验,并选取最想表达的主题。之后雕塑,选取自己喜欢的材料,把主题表达出来。观察,导演观察每个成员在雕塑中色彩的应用,及场景的布置、姿态和演员,并观察行为举止和场景特别的成员。之后,会心交流,会心也是心理剧的一个重要概念,是指面对面的相遇过程或人与人之间的交互作用,请雕塑者先表达,导演作回应和引导,如:"它会做什么?""如果给你机会,你想成为什么样子?""你感到……吗?"最后进行演出。

（4）分享技术

言语上，根据参与整个过程的感受，结合自己的过去生活经验，表达自己的感受和收获。可以是一段话，也可以是一两句话。表情上，将自己的感受或收获用一个表情表达出来，如微笑、沉思、困惑或欣喜。行动上，将感受或收获用一个行动表达出来，如跳跃、拥抱、握手、敬礼。

（5）讨论技术

书面问答式可参照以下格式：在这个演出中，我看到什么？在这个演出中，联系我自己，我学到什么？小组提问式可以由指导者或小组成员自愿作为提问人，提问大家：如果你是剧中的某个角色，会怎么去做？然后，逐一回应，相互讨论启发，寻找更多可能性，而不与实际演出的剧情进行比较。

（二）教师培训

笔者首先参加各种相关培训，提升自身对心理剧的理解与感悟。例如有幸参加了张老师主持的"校园心理情景剧的创造性发展"专题培训，感受颇深，通过培训加深了对校园心理剧的理解与体验。

这是个能"让人打开"的培训。记得培训刚开始时，我听到张老师说道："培训以体验为主，让每个人都打开自己。"体验表演时，我是有较多担心、紧张的，因为我不是一个善于表达的人，以前也没有过表演类的训练。"我能动起来吗？"我心里想着。后来在张老师及其团队的带领下，通过一个个活动，我最初的担心在慢慢褪去，我感到自己的身心在慢慢打开，能更好投入活动，看到内在的自己，看到自己的努力，遇到更好的自己。

这是个能走入人内心的培训。培训中的"角色扮演"活动，使人看到角色与自己的连接；"编剧及表演"活动，让我看到剧与成长经历的连接；"做妈妈或爸爸的十个动作"，让我看到自己与原生家庭的联系。在做"做爸爸的十个动作"时，我想起的动作只有几个，双手交叉放在身后的父亲、正在匆匆行走的父亲、冷眼旁观的父亲、指责的父亲、为我摘陡峭悬崖上红红的杜鹃花的父亲，我感到父爱如山，我知道，我又在怀念我的父亲，又勾起我"子欲养，而亲不待"的感伤，又引发我对亲情的珍惜。

在培训中，我也看到我和同伴们的努力和创造力。记得第一天下午我们9人小组表演了《最好的安排》，剧本是在某位组员的经历的基础上加工的，大家群策群力，分工合作，最终呈现了我们的独特作品。在观看其他组表演时，我读到了他们的智慧，看到他们的表演技法。参与培训需付出大量的体力、脑力，但我们累并快乐着，痛并成长着。

谢谢张老师及团队老师的带领，给我带来的美好感受，谢谢主办方提供给我们宝贵的学习机会！

（三）心理剧用于高中生积极情绪的辅导

积极情绪是一个有争议的概念，这种争议主要来自对积极的理解不同。沃森（Waston）等人[1]对它的简要定义是，积极情绪反映人们热心、积极活跃和警觉的程度，高度的积极情绪是一种精力充沛、全神贯注、欣然投入的状态，而低度的积极情绪则表现为悲哀和失神无力。孟昭兰[2]认为，积极情绪是与某种需要的满足相联系，通常伴随愉悦的主观体验，并能提高人的积极性和活动能力。任俊[3]认为积极情绪是指能激发人产生接近性行为或行为倾向的一种情绪。按照这种标准，一些价值中性的情绪就被认为积极情绪，如兴趣，而另外有些具有正向价值的情绪则被认为不是积极情绪，如放松。

综合以上观点，笔者认为积极情绪是指与某种需要满足相联系的，能激发人产生接近性行为或行为倾向的一种内心体验。关于积极情绪的类别，目前尚无定论。汤姆金斯[4]认为积极情绪应包括兴趣、快乐。弗瑞克森[5]认为高兴、兴趣、满意和爱是四种主要的积极情绪。本研究的积极情绪主要有满足、乐观、价值感、有信心、爱与被爱、热情、愉快、思维清晰八种情绪。

心理剧不仅是一种新的咨询方法，也不仅是作为一种心理小品的形式展示其趣味性和教育性，它也是可以用于开展心理辅导干预活动的。

1. 策划思路

分为准备阶段、实施阶段和总结阶段。准备阶段主要工作是：（1）从学生的需求出发，确定辅导的主题。辅导的主题选择，主要考虑的是学生的需求。在高一年级各班利用课间时间进行了"辅导意向"小调查，其主要是了解同学们对辅

---

① Watson, D. & Tellegen, A.. Toward a consensual structure of mood [J]. Psychological Bulletin, 1985,98(2)：219 - 235.

② 孟昭兰. 人类情绪[M]. 上海：上海人民出版社,1989,23—42.

③ 任俊. 积极心理学[M]. 上海：上海教育出版社,2006,85—86.

④ Tomkins, S. S.. Affect, imagery, consciousness：The positive affect [M]. New York：Springer Publishing Company, 2004,331.

⑤ Fredrickson, B. L.. What good are positive emotions? [J]. Review of General Psychology, 1998(2)：300 - 319.

导的需求,我们收回问卷 381 份,有效问卷 378 份,问卷有效率 99.21％。有 106 人表示有意向参与辅导,对于问卷中提到的"你目前感到有待提高的方面"一题,共有 8 个选项,选择最多的是"情绪经常低落、郁闷",共有 48 人选择,因此选择以改善学生的情绪为活动主题。(2)尊重成员意见,选取辅导的主要技术。在辅导采用的技术上,尊重成员的意见。成员基本确定后,征询成员的意见,告知根据已有研究成果和团体领导者的能力,准备采用认知—行为为主要技术或心理剧为主要技术,大部分成员对后者感兴趣,因此决定采用心理剧为主要技术。(3)收集有关文献,开展调查。我们对心理剧、团体辅导的有关资料进行搜集、梳理,设计辅导的初步方案,用情绪量表对高一年级全体学生做测评,了解年级的情绪状况,为辅导成员的筛选做准备。编订了辅导实施状况评估表和团体经验反馈调查问卷,用于团体活动结束后,了解成员的感受、想法。

然后是实施阶段。根据调查结果,选出积极情绪较低的学生作为实验组进行团体辅导。实验设计采用实验组、控制组前测、后测设计。在实验组内进行以"提高积极情绪"为主题的心理辅导活动。由学校专职心理老师担任小组活动领导者,每周一次,围绕一定的辅导目标开展团体心理辅导活动,每次 60 分钟到 90 分钟,共 9 次。

最后是总结阶段。辅导活动结束后,对实验组和对照组的被试实施后测。前、后测均采用情绪量表,根据测量结果,统计分析数据,从定量的角度考察团体活动效果,同时根据团体辅导实施状况评估表和团体经验反馈,从定量与定性结合的角度评估团体活动效果,完成总结报告。

2. 辅导活动

(1)辅导目标。总目标是针对小组成员情绪的特点,采用经典心理剧的常用技术,角色互换、替身、魔幻商店,通过演出、分享、修通,增进成员的积极情绪体验,领悟调控情绪的诸多方法,并对其中的一些方法加以实践,提升积极情绪水平。

(2)团体构成。对"团体意向调查"中表示有意向参与团体辅导且选择团体辅导主题为"情绪经常低落、郁闷"的 48 位同学实施了"情绪量表"测量,有 45 位(有 3 位同学上学期参与问卷调查时未留下名字)同学参与了测量,其中有 27 位同学的积极情绪得分低于年级的平均分(年级平均分为 34.01),均无精神类疾病和人格障碍。把这 27 位同学随机分为实验组(15 人)和对照组(12 人),对实验组同学告知辅导的时间(每周四第 8、9 节的社团活动课),最终有 9 名同学报名参加心理社团并愿意参加团体辅导活动。实验组人数符合团体辅导特别是心理剧团体辅导的一般的人数要求。

(3) 时间与地点安排。时间安排:每周一次,从第三周开始,持续九周,共九次活动。地点安排:学校心理专用教室。每次活动前,把椅子围成一个圈。圈内就是舞台,准备好活动可能用到的道具、材料。

3. 辅导过程

第一阶段:团体的形成与建立。这一阶段由第一次活动组成。刚开始团体成员都没有参加过类似的团体活动,导演简要告知团体的目标和自己的角色,接着通过以游戏为主要方式的暖身增进团体成员相互认识、熟悉,基本建立信任、包容的团体氛围。随后,通过观看视频《心理剧是什么?》以及导演的讲解让成员对心理剧的概念、组成要素、基本过程有一定的认识。然后,借助"袋子里的担忧"这一活动了解成员对心理剧这种行动式的团体辅导的感受、看法。最后,引导成员初步拟定团体活动契约。这一阶段,足够的暖身对创设团体包容、接纳、信任的氛围显得尤为重要。

第二阶段:心理剧辅导正式实施阶段。该阶段由第二至八次活动组成。每次心理剧的主角由团体自发产生,主题是由成员自行选定的,没有剧本,做好简单的布景后,就开始演出。在表演中主要运用角色扮演、角色转换、替身、镜像技术等,充分发挥成员的自发性和创造力,让过去的事件在团体中重新演出,宣泄情绪,重新感受。让主角学会以一个全新的视角审视和整合原来的心理冲突。分享时,团体成员敞开心扉分享自己与主角有联结的地方或者是类似的感受或体验,帮助主角回到现实的同时,使全体成员都有所体悟和成长。这一阶段的辅导会触及团体成员心理问题的根源,会让成员直面过去的创伤,往往引起成员的阻抗,或者会导致成员情绪失控,因此仍需要营造出安全、包容的团体氛围,同时领导者需要密切关注每一位成员,敏感地觉察其变化,及时地给予反馈。

第三阶段:团体辅导结束阶段。由第九次活动组成,领导者在简要总结前八次活动的基础上,强调心理剧与现实的联结,鼓励成员将在心理剧团体中习得的调节情绪的方法和良好的应对方式拓展至团体外。同时,借助雕像技术引导成员对美好未来展开想象,接着,在彼此祝福中结束活动。

团体活动过程见表 4.1。

表 4.1 团体干预过程简要记录

序号	单元(演出)主题	活动目标	活动流程
1	我们在一起	增进成员的相互认识,促进团体的初步形成;对心理剧有初步的了解。	1. 领导者简要介绍团体 2. 暖身活动:名字游戏 过程:成员围成大圈而坐,领导者先说明规则,从某人开始,说:"我叫某某"(可以是与名字有关,也可以是愿意被大家记住的一个昵称),同时做一个动作。从某一位成员开始,依次完成。第二遍时,当某一位成员说名字(昵称)且做动作时,大家一起模仿做(鼓励大家大声说"你叫某某"),每位成员依次进行。 交流分享:你是怎样认识别人的? 3. 暖身活动:名字大风吹 过程:(1)团体领导者介绍活动规则:围圈而站,主持人站圈中心,主持人喊到谁,谁旁边的两个人在两人位置的前面互换位置。(2)先由某位同学做主持人,主持人也要去抢位子,如主持人抢到位置,则由没抢到位置的同学做主持人,每位成员的名字都被叫到一次,则结束游戏。(在做该活动前,先抽签,按序号排序) 4. 主题活动:初识心理剧 (1)成员观看短视频《心理剧是什么?》。 (2)领导者利用多媒体课件介绍心理剧。解释心理剧和专有名词:心理剧、导演、主角、辅角、替身、观众,并介绍心理剧的基本过程和主要技术。 5. 主题活动:袋子中的担心 过程:领导者拿出一个彩色的纸袋,告诉大家这个袋子有个名字,叫作"担心的袋子",发给每位成员一张纸,邀请成员写下来到心理剧团体的不安、担心,写完后,放进袋子里,然后由导演读出纸上写的内容。 6. 拟定团体契约 过程:领导者征询成员对团体规范的想法,据大多数人的建议,拟定团体契约。

序号	单元(演出)主题	活动目标	活动流程
2	恐怖拖把	进一步构建安全、信任的团体氛围,促进团体的形成;练习倾听与表达,学会区分事件和情绪;宣泄恐惧情绪,学习对情绪的剥离,意识到当前情绪的产生与过往经历有关,学习接纳负性情绪,练习换位思考;梳理感性经验,成员间相互启发,学习处理恐惧情绪的方法和表达对父母的爱。	1. 活动:我的承诺 过程:成员在打印好的团体契约上签名,再由一名成员念出契约内容,接着,领导者再次强调遵守团体承诺的意义。 2. 暖身活动:事件与感受 过程:邀请成员站起来,在房间随意走动,找一个最不熟悉的人组成一组(A+B),交叉分享近期最难过或不开心的一件事。A说2分钟,B倾听,无言语回应;然后B说2分钟,A倾听,无言语回应。 邀请每组成员上台分享。规则:A坐在椅子上,B站其身后,以第一人称复述刚才听到的A的故事,陈述事件时,手搭A的左肩,表达情绪时,手搭A的右肩(分享时,谁是"A",由同学确定)。 3. 演出:恐怖拖把 在暖身环节,四个组的同学分别分享了一件事情及感受,成员更想听谁的故事,就把手搭在他(她)的身上,A同学讲的寝室里发生的故事被最多选中,这样A同学(男生)成为本次演出的主角。辅角由主角邀请产生。整个剧由四幕组成。剧情主要围绕A同学深夜在寝室唱歌,被同学用拖把捅导致恐惧而展开。 4. 去角色 剧终,要求每一位参与演出的成员,包括主角、辅角、替身,离开舞台跳跃三下或者摇摆身体,并用语言表达"我不是剧中的××,我是现在的×××",用诙谐轻松的方式去掉由角色带来的感觉,回到现场,感受当下。 5. 分享 过程:依次邀请辅角、替身、观众、主角分享感受,话题是:"这出剧,使你想到自己生活中的哪些"、"对剧中人物角色有怎样的

续 表

序号	单元(演出)主题	活动目标	活动流程
			感受"、"演出中你感触最深的地方"大家分享感受并对主角作出回馈。导演强调三个原则:不分析、不建议、不批评,因主角此刻脆弱的情感需要得到保护并得到大家的接纳。 6. 保密承诺 每位成员伸出左手,所有成员的左手相叠,每位成员右手放在自己心脏位置,每位成员大声地作出承诺,保证在团体活动外不对此次活动有任何评论,对团体中发生的事情以及别人说过的话保密。
3	遇见耍酷的同学	宣泄郁闷情绪,练习换位思考,对"耍酷"的同学给予理解与宽容;梳理感性经验,成员间相互启发、学习与讨厌的人相处的方法,维护自身的情绪健康。	1. 暖身活动:情绪脸谱 过程:回顾近一个月来你感到困扰的一次情绪经历,把自己当时的表情画出来,然后两人一组,一人表演自己的表情,一人猜,轮换进行。 2. 演出:遇见耍酷的同学 导演邀请两位同学分别叙述有关情绪困扰的故事,成员对谁的故事更感兴趣,就站在谁的身后。B同学说的是上周班会课,一发言同学(H同学)的"怪论",引起自己情绪不爽的故事,选择该故事的成员相对多些。B同学成为演出的主角。整部剧由两幕组成,剧情围绕耍酷背后的心理及如何与耍酷的同学相处展开。 3. 去角色(方式同前(略)) 4. 分享(过程同前(略)) 5. 保密承诺(过程同前(略))
4			1. 暖身活动:轻柔体操 规则:全体成员围成圆圈,向右转。给前面的组员捶肩捏背,并按照顺时针方向转动圆圈,前面的成员可以向后面的成员提出拍拍打打的要求,同时表达感谢。持续

序号	单元(演出)主题	活动目标	活动流程
	老爸，你过来一下	直面自己的负面情绪，学习换位思考；对父母及家人有更多的理解，提升被爱的感受。	2 分钟后，向后转，给先前替自己捶肩捏背的成员服务。 2. 暖身活动：你站在哪里 过程：用彩布在地上拼成一条竖线，上面打九个结，代表最近在家里发生不开心情绪的程度，一端为 1，一端为 10，1 为有点不开心，10 为非常不开心，请成员根据自己曾出现过的情绪的程度，在竖线上找到自己的位置。 3. 演出：老爸，你过来一下 导演邀请不开心程度相对较高的 Z 同学当主角，她表示同意。整部剧由两幕组成。剧情围绕女儿想请爸爸帮助，但爸爸没有及时回应而引发的家庭矛盾展开。 4. 去角色(方式同前(略)) 5. 分享(分享彼此的感受及收获) 6. 保密同心锁 邀请大家站起来，每个人双手竖起大拇指，握拳，抓住左右两边人的大拇指，围成一个强有力的保密圈。每位成员大声地做出保密承诺。
5	无言的结局	宣泄内疚情绪，练习换位思考；对同性恋倾向和友谊有更深入的理解；梳理感性经验，成员间相互启发；学习如何合理表达拒绝及如何应对内疚情绪。	1. 暖身：我和我的镜子 过程：两人一组，一人表演任何自己想表现的动作，另一同学，与他(她)面对面，像镜子式地把对方的动作再复制一遍，轮换进行，每人表演三到四次。 2. 分享：我困扰的一件事 过程：采用绕圈发言的方式，每人叙述一件困扰自己的事情，不说现实中的处理结果。成员对谁的故事更感兴趣，就把手搭在他(她)的身上。A 同学的故事是大家最感兴趣的，成为今天演出的主角。E 同学叙述的故事是大家比较感兴趣的，E 同学确定为下次演出的主角。

续　表

序号	单元(演出)主题	活动目标	活动流程
			3. 演出：无言的结局 整个剧由四幕组成,剧情围绕小明对小强(男生)有特别的好感(同性恋倾向),小明对小强表达,遭到小强拒绝,小强喜欢小林(同性恋倾向),小强向小林表达,遭到拒绝,小林的拒绝方式不是很妥当,小强设计利用小明试图接近小林,而使得小明和小林的友谊破裂,小强感到深深的内疚而展开。 4. 去角色(过程同前(略)) 5. 分享(过程同前(略)) 6. 保密同心锁(过程同前(略))
6	礼物	宣泄负面情绪,练习换位思考,引发对交往需求的更多探索;梳理感性经验,成员间相互启发,学习如何接纳负性情绪,提升交往的愉悦感。	1. 暖身活动：我说你演 过程：两人一组,一人说一个有关情绪的词,如高兴,另一个同学表演,再互换。总共进行三次。 2. 分享：我的故事 过程：请上次活动确定的本次活动的主角E同学分享她的情绪困扰故事。 3. 演出：礼物 整部剧由三幕组成,剧情围绕E同学是一位留级生,新加入某个寝室,总觉得室友不欢迎自己,排挤自己,心情郁闷,有次与寝室同学小梅发生冲突。她听说小梅同学要过生日,犹豫要不要送份小礼物而展开。 4. 去角色(过程同前(略)) 5. 分享(过程同前(略)) 6. 保密同心锁(过程同前(略))
7	爷爷,我想念你		1. 暖身活动：轻柔体操 规则：全体成员围成圆圈,向右转。给前面的组员捶肩捏背,并按照顺时针方向转动圆圈,前面的成员可以向后面的成员提出拍拍打打的要求,同时表达感谢。持续2分钟后,向后转,给先前替自己捶肩捏背

序号	单元(演出)主题	活动目标	活动流程
		通过引导主角与辅角(爷爷的扮演者)对话,宣泄负面情绪,表达对已逝亲人的怀念,激发自身的正能量,过好自己的生活;梳理感性经验,成员间相互启发,学习如何处理丧失。	的成员服务。 2. 分享:我和我的家人的故事 过程:采用绕圈发言的方式,每人分享一件与家人相处中感到失望、受伤或悲伤的事情,不说现实中的处理结果。成员对谁的故事更感兴趣,就把手搭在他(她)的身上。G同学成为今天演出的主角。 3. 演出:爷爷,我想念你 整部剧由三幕组成,剧情围绕小丽爷爷重病时,在外地,住在小丽的叔叔家,路途遥远。小丽的爸爸考虑小丽中考在即,所以没有及时通知小丽,导致小丽没有见到爷爷最后一面,小丽想起爷爷就感到很悲伤而展开。 4. 去角色(过程同前(略)) 5. 分享(过程同前(略)) 6. 保密同心锁(过程同前(略))
8	遇见更好的自己	宣泄负面情绪,练习换位思考,引发对自我的更多探索;梳理感性经验,成员间相互启发,学习如何提升热情。	1. 暖身活动:"现实的我"与"理想的我" 过程:每位成员用彩色铅笔在A4纸上画"现实的我"和"理想的我",可以画自己的形象,也可以是植物、动物、风景,图画形式不限。画好后,依次交流、分享。导演邀请H同学为今天演出的主角,H同学表示可以。 2. 演出:遇见更好的自己 整部剧由三幕组成。主要剧情围绕一位高二男生潇俊觉得自己学习成绩一般,其貌不扬,个子偏矮,自我评价偏低,他对一位自己喜欢已久的女生表白,遭到拒绝,对生活、学习失去热情。他来到魔幻商店,与店主的对话重新激发了他对生活、学习的热情,他应用到生活、学习中,有了新行为,成为更自信、阳光的自己。 3. 去角色(过程同前(略)) 4. 分享(过程同前(略)) 5. 保密同心锁(过程同前(略))

续 表

序号	单元(演出)主题	活动目标	活动流程
9	笑迎未来	总结回顾已开展的八次活动,引导成员把握现在,展望美好未来。	1. 暖身活动:特别的图画 规则:成员绕圈而坐,第一个人随意用水彩笔在 A4 纸上画第一笔,第二个人根据自己的意愿画第二笔,依次进行,共两轮,最后一人给图画命名。 2. 领导者简要总结 领导者分享在团队活动中,观察到的成员的积极改变,肯定成员的积极参与,强调心理剧与现实的联结,鼓励成员将在心理剧中习得的调节情绪的方法和良好的应对方式拓展至团体外。 3. 主题活动:10 年后的我 过程:请同学们想象未来 10 年后的自己会是怎样。那时的自己的典型姿势或动作会是怎样?请同学用雕塑的形式展现出来,引导成员思考如何才能成为这样的自己,帮助成员展望美好未来,把握现在。 4. 回顾与评估 成员填写《团体辅导实施状况评估表》和《成员团体经验反馈表》。用一句话表达对团体的感受。 5. 祝福 过程:成员围圈而坐,对右手边的同学表达祝福。 6. 保密同心锁(过程同前(略))

以第二次心理剧团体活动举例。

第二次团体活动

(1)活动:我的承诺

目的:进一步构建安全、信任的团体氛围。

过程:成员在打印好的团体契约上签名,再由一名成员念出契约内容,接着,领导者再次强调遵守团体承诺的意义。

（2）暖身活动：事件与感受

目的：练习倾听与表达，学会区分事件和情绪，暖出主角。

过程：邀请成员站起来，在房间随意走动，找一个最不熟悉的人组成一组（A＋B），交叉分享近期最难过或不开心的一件事。A说2分钟，B倾听，无言语回应；然后B说2分钟，A倾听，无言语回应。

邀请每组成员上台分享。规则：A坐在椅子上，B站其身后，以第一人称复述刚才听到的A的故事，陈述事件时，手搭A的左肩，表达情绪时，手搭A的右肩（分享时，谁是"A"由同学确定）。

（3）演出：恐怖拖把

在暖身环节，四个组的同学分别分享了一件事情及感受，成员更想听谁的故事，就把手搭在他的身上，L同学讲的寝室发生的故事被最多选中，这样L同学（男生）成为本次演出的主角。辅角由主角邀请产生。

第一幕：

时间：距今大约两星期

某天晚上10点左右，陆同学（7班）寝室内，来了几位5班男生，大声地唱起了非主流歌曲。陆同学走到阳台时，楼下11班女生大叫："不要唱了！"见歌声未减，便用拖把往楼上捅了一下，捅到了陆同学，陆同学感到很痛，心中甚是委屈、无奈甚至感到害怕。（话外音：事情过去约有两个星期了，但陆同学去阳台上还心有余悸，担心又会冒出捅人的拖把）对陆同学害怕的表情定格。

导演询问陆同学：拖把是否使你联想到了什么？陆同学想了想，说："想起小时候挨打的事情。"

第二幕：

时间：回到陆同学小学三年级

一次，陆同学的数学只考了29分，他自己偷偷签了家长签名，并想混过此事。

陆爸爸接到老师电话，知道儿子考试只考了29分，还伪造签名，心中非常愤怒。

晚饭时，陆爸爸和善地问陆同学：儿子，这次数学考试考了几分啊？

陆同学想了想，回答说：爸爸，我考了92分，全班第一。

陆爸爸见儿子不说实话，反问一句：真的吗？

陆同学点点头,坚定地说:对!

陆爸爸抄起身边的拖把,狠狠地打在了陆同学屁股上,陆爸爸说:"还说你考了92分,你们老师都打电话来告诉我了!你只考了29分!你不仅成绩差,竟然还和我说谎!"

陆同学伤心地哭道:"爸爸,我错了,爸爸,我下次考第一,爸爸!"(心里埋怨爸爸下手太重,对拖把留下了阴影)

角色互换,请陆同学扮演爸爸,原来扮演陆爸爸的扮演儿子,请他们自发表演出对儿子改分数、假冒签名一事的应对,陆同学的表演竟与上段表演中爸爸的表现一样,甚至更加凶暴。(此幕结束后,陆同学急着说:"本来我想表现出不打儿子、善教育的父亲的,但不知演着演着,就重复了当时爸爸的暴打行为,唉!")

第三幕:

时间:回到陆同学小学三年级

请C同学和R同学扮演陆爸爸和儿子的包容性替身。得知儿子(R同学扮演)改分数、假冒签名一事会怎么办呢。开始的表演同前段的斜体字部分,接下来的表演是:

陆爸爸(C同学扮演)忍住怒火,离开饭桌,待情绪平复后,再回到饭桌,对儿子说:"孩子,人总是会犯错误,犯错要勇于承认……"(画外音:此处略去500字,爸爸边说,儿子若有所思)

儿子(低头,哭着说):"爸爸,我错了,以后我再也不会说谎了,我会好好学习,争取下次考第一。"爸爸抱住儿子,相亲相爱的一对父子。

第四幕:

时间:今天之后的某天晚上

陆同学站在寝室的阳台上,回想被拖把捅的事情,想到对拖把的恐惧与自己小时候的经历有关,不再那么害怕,说道:"楼下的野蛮女生也是无奈之举措呀!同学间的打闹也蛮有意思的。"

(4)去角色

剧终,要求每一位参与演出的成员,包括主角、辅角、替身,离开舞台跳跃三下或者摇摆身体,并用语言表达"我不是剧中的××,我是现在的×××",用诙谐轻松的方式去掉由角色带来的感觉,回到现场,感受当下。

（5）分享

目的：对感性的经验进行梳理，使成员间相互启发、学习和帮助。

过程：导演依次邀请辅角、替身、观众、主角分享感受，相同感受的分享可以减少主角以为自己的问题是独特而羞愧的想法，从而弱化疏离感并得到共鸣性的支持，而不同感受的声音会使主角扩展认知的图式，从而强化生命的力量。这一过程也可以使团体进一步冷静下来，重新进入个人的现实世界。

以下是部分成员的分享：

辅角："我扮演了辅角，晚上唱歌的同学之一，我觉得大晚上唱歌不好，会影响他人的休息。世界如此美妙，你却如此暴躁，还连带着让他人受拖把捅的苦。"

观众："主角表演的小时候挨打的事，使我想起自己的相似经历，现在想想，爸爸打人是不对的，但孩子总归也是错在先，爸爸还是爱孩子，恨铁不成钢。"

主角："演完后，我觉得心里爽多了，原本想着要报复一下楼下的女生，现在想想何必呢！就让它过去吧。"

鼓励成员给剧起名字，综合大家的意见，最终这出剧命名为"恐怖拖把"。（注：后面的每出剧的名称都是演出后如此产生的）

（6）保密承诺

分享之后，成员围圈而站，每位成员伸出左手，所有成员的左手相叠，每位成员右手放在自己心脏位置，大声地作出承诺，保证在团体活动外不对此次活动有任何评论，对团体中发生的事情以及别人说过的话保密。

4. 总结阶段

团体活动结束后，我们对实验组和对照组的被试实施后测。前、后测均采用情绪量表，根据测量结果，统计分析数据，从定量角度考察团体活动效果，同时根据团体辅导实施状况评估表和团体经验反馈调查表，从质性的角度评估团体活动效果。然后，整理活动过程的资料，撰写论文。

辅导效果结果如下：

（1）高中生积极情绪量表结果

对实验组、对照组前测得分进行差异性检验，结果（见表4.2）发现，实验组与对照组积极情绪量表总分无显著性差异，可以把两组被试看作是同质小组。

表 4.2 实验组—对照组积极情绪前测差异检验

项目	分组	人数	平均数	标准差	t 值	P 值
积极情绪	实验组	9	30.00	3.11	−0.49	0.63
	对照组	12	29.33	3.00		

实验组进行实验干预后,实验组前测、后测的结果(见表 4.3)。结果表明:实验被试前测与后测在量表总分上有显著的差异($P<0.05$),而对照组前测与后测成绩在量表总分上虽有些变化,但无显著性差异($P>0.05$),排除了自然成长的作用(见表 4.4)。

表 4.3 实验组积极情绪前测、后测差异检验

项目	前后测	人数	平均数	标准差	t 值	P 值
积极情绪	前测	9	30.00	3.16	−3.318	0.011
	后测	9	33.89	4.40		

表 4.4 对照组积极情绪持前测、后测差异检验

项目	前后测	人数	平均数	标准差	t 值	P 值
积极情绪	前测	12	29.33	3.00	0.15	0.88
	后测	12	29.17	3.29		

(2)团体辅导实施状况评估结果

为了解团体辅导实施的状况,在团体活动结束后,请团体成员根据团体活动的总体感受,对项目进行评价,以 1 到 5 的等级估量自己参与团体的状况。1 代表"我绝不是这样",5 代表"我总是这样"。参加团体干预的 9 人都完整地填写了评估表。结果见表 4.5,表明多数成员能较好投入团体活动。

(3)成员团体经验反馈结果

团体活动结束后,请团体成员根据团体活动的总体感受回答四题,每位成员都做了回答,各题的主要回答如下:

第一题:团体的经验对你个人的生活,包括情绪和想法方面,有哪些正面影响?

表4.5　团体辅导实施状况评估表

项　　目	1(绝不)	2(很少)	3(有时)	4(经常)	5(总是)
1. 在团体里,我是一个积极投入的成员。	0	1	2	3	3
2. 我愿意完全投入团体,并且与大家分享。	0	2	2	3	2
3. 我认为自己愿意在团体里尝试新的行为。	1	1	3	2	2
4. 我愿意尽力表达自己的情绪想法。	0	1	3	3	2
5. 我会尽量真诚地面对其他人。	0	1	1	3	4
6. 我总是注意倾听别人在说什么,也会把我的感受适度地告诉他们。	0	2	3	3	1
7. 我愿意参加团体的不同活动。	0	1	3	4	1
8. 我能配合他人,扮演辅角或完成其他事情。	0	1	1	4	3
9. 我是在没有防卫的心态下,坦诚地接受别人的反馈。	0	1	1	5	2
10. 我尽量把团体里所学习到的东西,应用到外面的生活。	0	1	2	4	2

答:有1位同学说:"还没有"。有8位同学说到正面的影响,如会使我开心,忘掉一些烦恼的东西;让我变得更开朗,敢于坦诚;让我更加热情,更愿意投入班集体生活;在团体看到别人的例子,对一些事情体会更深。

第二题:团体经验对你是否有负面影响? 有的话,请简要描述。

答:9位成员回答是"无"或"没有"。

第三题:你喜欢团体辅导吗? 喜欢团体辅导的哪些地方? 如不喜欢,又是哪些地方?

答:9位成员的回答是喜欢,如喜欢那种团结的氛围;可以感到压力减少,体会到更多的快乐;大家可以一起分享,一起解决、处理困惑;气氛融洽温馨;大家可以一起相互了解;大家一起很开心。

第四题：如果要你用一两句话来说明团体辅导对你的意义，你会说什么？

答：成员基本都是积极描述，如"团体使我更强大"，"团体给了我力量与勇气"，"感觉我被需要"，"乏味生活的糖果"。

5. 总结反思

（1）心理剧的运用能提升高中生的积极情绪水平。从量的分析来看，团体辅导有一定的效果，团体成员的积极情绪水平有所提升，拓展了心理剧的实践领域。查阅有关文献，发现几例国内把心理剧用于团体治疗，以期改善情绪的研究，如孙秀娟等人对强迫症患者的研究，认为心理剧可以巩固疗效，改善焦虑、抑郁情绪，提高生活质量；梁黛婧的研究认为心理剧治疗对于轻中度的抑郁症患者有一定的疗效，较之单纯的药物治疗效果更有优势，并且能对患者的认知和人际关系产生长期的积极影响。利用心理剧对高中生的积极情绪进行团体干预，拓展了心理剧的运用领域。

（2）团体辅导活动的开展促进了成员的积极改变。通过团体辅导实施状况评估，成员团体经验反馈结果表明，辅导活动成功地营造了一个和谐、开放、信任和安全的团体氛围。通过演出真实的思想、感受、人际关系或者愿望，帮助成员宣泄了负面情绪，诱导其主动性，使主角及其他成员从中找到自己的现实生活，增强了调节情绪能力和应对困境能力。以前很多研究都是用积极心理学或认知行为技术，本研究主要采用心理剧的理论和技术设计出一套方案，并实证了其有效性，丰富了提升积极情绪的途径与方法。

（3）促进了学生的心理成长。我们借助心理剧的多种技术，创设包容性的环境，通过演出、分享，提供学生处理情绪、人际困扰的多种应对方法，提升了积极应对的能力和积极情绪，促进了心理成长。

当然，由于客观原因，存在团体成员偶尔缺席的情况，对辅导效果产生了一定的负面影响。在今后的实践中，应更注意样本的选择以及协调辅导时间，尽量避免出现成员缺席的情况。后续的探索可以围绕积极情绪的某一类情绪开展，针对某一类情绪（如满足、乐观、价值感、有信心、爱与被爱）团体辅导活动的开展将推进探索的深入。

附件1 情感量表(凯曼和弗莱特编制)[①]

亲爱的同学：

你好！

请阅读每一个陈述，并确定它是否与你的情况相符合。如果你认为完全符合你的情况，就选择"5"；如果你认为完全不符合你的情况，就选择"1"；如果你觉得既非完全不符合也非完全符合，处于中间状态，就请选择"3"；如果你认为比较符合但又不完全符合，请选择"4"；如果你认为比较不符合但又不是完全不符合，请选择"2"。请不要空项。谢谢你的合作。

性别：男　　女

01. 我的生活正朝着我想要的方向走。1　2　3　4　5

02. 我希望改变自己生活中的某些部分。1　2　3　4　5

03. 我的未来是美好的。1　2　3　4　5

04. 我感到生命中最美好的时光已经过去了。1　2　3　4　5

05. 我喜欢我自己。1　2　3　4　5

06. 我感觉自己一定有些不对劲。1　2　3　4　5

07. 我能应付所发生的任何事。1　2　3　4　5

08. 我觉得自己像个失败者。1　2　3　4　5

09. 我感到人们爱我、信任我。1　2　3　4　5

10. 我孤独时却没有人与我在一起。1　2　3　4　5

11. 我感到与周围的人很亲近。1　2　3　4　5

12. 我对其他人失去了兴趣，并且不关心他们。1　2　3　4　5

13. 我感到自己能做任何想做的事情。1　2　3　4　5

14. 我的生活像是千篇一律。1　2　3　4　5

15. 我有用不完的精力。1　2　3　4　5

16. 我根本不想做任何事。1　2　3　4　5

17. 我经常笑容满面，笑声不绝。1　2　3　4　5

18. 仿佛再也找不到什么有趣的事可做了。1　2　3　4　5

19. 我思路清晰，有创造性。1　2　3　4　5

---

① 何召祥.不同认知方式的大学生情感特征分析[D].济南：山东师范大学,2008.

20. 我的思路总是在无用地兜圈子。1　2　3　4　5

从很不快乐(1 分)到很快乐(10 分),以 1—10 分记分,我觉得我的快乐感是:____分。

量表的记分:

奇数按顺序计分,1 即 1 分,5 即 5 分,得出正向情感分:____分

偶数按顺序计分,1 即 1 分,5 即 5 分,得出负向情感分:____分

将正向情感分减去负向情感分,得出快乐感的分数:____分

附件 2　"心理剧团体辅导意向"调查

亲爱的同学:

你好!

为了给特定群体的同学提供帮助,我校准备于 9 至 10 月开展团体辅导活动,该活动以小组(15—20 人)形式进行,针对某群体需要改善的方面开展活动,活动连续 8—10 次(每次约 90 分钟,每周一次),小组辅导将主要采用团体动力学和心理剧的理论和技术开展。心理剧团体辅导的目标是针对小组成员情绪困扰,采用经典心理剧的常用技术,如角色互换、替身、雕塑化,通过演出、分享、修通,增进成员的积极情绪体验,领悟调控情绪的诸多方法,并拓展到团体之外,提升积极情绪水平。团体辅导的主持人是心理老师,她有带领小组的丰富经验,相信你会有新收获!

1. 你是否有意向参加团体辅导?(选"无"的同学直接做第 5 题)

A 有　B 无

2. 你目前感到有待提高的方面是:

A 情绪经常低落、抑郁　B 考试焦虑　C 人际交往退缩,不太愿意与同学交往　D 易与父母、同学发生人际冲突　E 情商低　F 学习拖延较严重　G 不自信　H 时间安排很不合理,易被游戏、网络占用太多时间　I 其他(请注明):

3. 你希望团体辅导安排在什么时间?

A 中午　B 傍晚　C 心理社团活动课时间

4. 请留下你的班级和姓名:

班级:高二(　)姓名:_____

5. 你不参加的原因是:

A 觉得自己没有需要改善的方面　B 有需要改善的方面,但没有时间

C 有需要改善的方面,但不确定团体辅导的有效性

D 有需要改善的方面,但问题太私密,不方便接受小组辅导

E 其他(请说明):

附件3　心理剧辅导实施状况评估

请对每个句子以1到5的尺度等级估量你自己参与团体辅导的状况。1代表"我绝不是这样",5代表"我总是这样"。

(1) 在团体里,我是一个积极投入的成员。1　2　3　4　5

(2) 我愿意完全投入团体,并且与大家分享困扰。1　2　3　4　5

(3) 我认为自己愿意在团体里尝试新的行为。1　2　3　4　5

(4) 我愿意尽力表达自己的情绪与想法。1　2　3　4　5

(5) 我会尽量真诚地面对其他人。1　2　3　4　5

(6) 我总是注意倾听别人在说什么,也会把我的感受适度地告诉他们。1　2　3　4　5

(7) 我愿意参加团体的不同活动。1　2　3　4　5

(8) 我能配合他人,扮演辅角或完成其他事情。1　2　3　4　5

(9) 我是在没有防卫的心态下,坦诚地接受别人的反馈。1　2　3　4　5

(10) 我会尽量把团体里所学习到的东西,应用到外面的生活。1　2　3　4　5

附件4　团体经验反馈调查

1. 团体的经验对你个人的生活,包括情绪和想法方面,有哪些正面影响?

2. 团体经验对你是否有负面影响? 有的话,请简要描述。

3. 你喜欢团体辅导吗? 喜欢团体辅导的哪些地方? 如不喜欢,又是哪些地方?

4. 如果要你用一两句话来说明团体辅导对你的意义,你会说什么?

附件5　团体契约书

目标

共同创造和谐、信任、安全的氛围,让每位成员在活动中提升积极情绪;每位

成员认真地检审自己的想法、情绪与行为，从中获得成长。为保证心理剧团体辅导的顺利进行，经成员商议制定如下规则。

规则

1. 按时参加活动。我们是一个整体，参与这个团体代表着我们对这个团体的信任以及对每位成员和领导者的信任。从活动开始每个人都是不可或缺的，都对我们这个整体有着重要的意义。希望每个人能够按时参加团体的活动，除非意外情况，不可借故不参加。

2. 遵守自我开放原则。为了能使团体发挥它的功效，也为了使每位成员可以获得真正的释放和成长，我们需要带着这样的心情参与活动：愿意和大家分享自己的内心世界，尽量减少掩饰性，并且愿意对他人表露的认识和情绪提供真挚的支持。

3. 遵守保密原则。调动情绪投入到心理剧，积极地对他人的经历和感受讲出自己的感悟是你的责任，但是也要注意小心地保护他人的情感，每位成员都是我们需要呵护和关爱的对象。不能将活动期间成员的谈话透漏给团体以外的任何人。

4. 退出原则。若成员有退出意向，首先向团体提出申请，听取团体意见后仍要退出者，需在举行告别仪式后退出。若成员想重回团体，需经过团体三分之二成员的同意。

5. 如有作业，团体成员需认真完成。

对领导者的要求

和对每位成员的要求一样，领导者也不可随意中断活动，同样需要打开心扉，保护好每位成员，为大家保守秘密，对于活动的进展和新的目标，领导者需要参考成员的意愿，作业要认真细致地对待。

本人已经仔细阅读并充分了解本契约的内容。

成员签名：

指导者签名：

第三节　团体心理辅导

一、 团体心理辅导的内涵

团体心理辅导是在团体带领者(一般是心理咨询师)的带领下,围绕某一共同关心的问题,通过一定的活动形式和师生、生生的人际互动,相互启发和诱导,进而改变成员的观念、态度和行为,促进成员心理成长的过程。团体心理辅导的特点是引导学生自我探索的过程,是强调学生体验感悟的过程,是促进学生互助和自助过程。它与前面所说的学校心理社团和同伴辅导(朋辈辅导)是不一样的。首先,团体心理辅导不是用学生社团的形式开展心理健康教育,学生社团属于学生的自治组织,而团体心理辅导带领者是由具备学校心理咨询资格的教师担任,不能由学生担任领导者。其次,团体心理辅导属于学校心理辅导工作,成员的筛选、组织等方面有专门的技术要求,需要遵循专门的咨询伦理,它与个别咨询不一样。下面以笔者开展过的一次"减压助考"团体心理辅导为例进行介绍。

减压助考包括的内容很多,如可以是心态调整,也可以是应试技能训练、学习方法和行为的改善等。在每次辅导活动中,应根据学生的需求、特点和活动的时间等因素,制定更小更具体的目标,比如我组织的某次团体心理训练活动是一小时(中午),是面向考试焦虑或心态不良的学生。当时是在学生高考前大约一个月,好比战士临战,主要是鼓舞士气,加油和鼓劲,因此活动设计目标是帮助学生认识自我,增强信心,缓解考试焦虑。如果离高考时间有六个月,且成员来自于同一个班级,可以更多考虑班级特点,确立"减压助考"团体辅导活动的具体目标。确立目标后,就要考虑具体怎么实施。团体心理辅导可以有不同的模式,但总得说来,主要包括三个部分:一是引入活动,如热身活动。热身活动大多以小游戏为主,其目的主要是创设良好的心理氛围,激发参与热情,可以有"大西瓜,小西瓜"活动、过电游戏、魔鬼终结者,一般时间3分钟左右。除热身活动还可以用发问法,提出与主题有关的显性或隐性的问题,还可以是"自我袒露法",教师向学生袒露高考前自身的经历或问题等。二是主题活动。可以是游戏活动,游戏活动必须注重交流分享环节,避免为游戏而游戏。通常的做法是,学生分享后,带领者分享自己的感悟,强化游戏中可以给学生积极启示的东西。主题活动除游戏外,还可以是个案分析、心理小测试、心理剧表演或心理训练活动。主题活动的个数一般就时间和需要而定。三是结束活动。以再回顾的方式简练概括,听激励人的音频,写或说出自我鼓励的话语;或提出行动要求;或背后留言,写下鼓励的话;或放飞理想,在纸上写上理想大学,用纸折成飞机或放进收集瓶。

二、团体心理辅导的实施

实施团体心理辅导中特别要注意带领者角色的把握——引导者,应重引导,不重教导。不是教给学生一套观念,而是引导学生参与过程,并由此学会思考、分析、判断、选择,吸引学生积极参与、体验、感悟。具备学校心理咨询资格的班主任,由于所从事工作与学生"跌打滚爬"在一起,熟悉了解学生以及所拥有的教育时空,使得班主任在团体心理辅导活动中有着自身的优势,班主任开展团体心理辅导是学生心理健康的重要支持。下面以主题为"提升高中生积极情绪"的团体心理辅导为例,说明如何设计方案与实施辅导。

(一)确定核心概念

积极情绪是与某种需要满足相联系的能激发人产生接近性行为或行为倾向的一种内心体验,主要有满足、乐观、价值感、有信心、爱与被爱、热情、愉快、思维清晰八种情绪。消极情绪是与积极情绪相对的一个概念,是指与某种需要得不到满足相联系的能激发人产生回避行为或回避倾向的一种内心体验,主要有不满足感、失望感、无助感、无用感、退缩感、紧张感等情绪。

(二)筛选团体成员

先对全体学生用情绪量表进行测量,并在量表后面附上一段简要的"提高积极情绪"心理训练小组说明文字,请有意向参加小组活动的同学留下联系方式。然后选出积极情绪偏低(分数在年级平均分以下)且有意向参加心理训练活动的学生。

(三)设计团体心理辅导方案

由笔者担任团体心理辅导活动领导者,每周一次,围绕一定的辅导目标开展团体心理辅导活动,每次 60 分钟,共九次。总目标是针对成员情绪的特点,增进组员的积极自我概念和人生规划,学会用积极的视角看待挫折、困境,增进快乐感和意义感;探讨影响积极情绪的因素,学习利用 ABC 理论原理,对不合理的信念进行质辩,增进理性认知;领悟调控情绪的诸多方法,并对其中的一些方法加以实践,增进积极情绪的体验。

表 4.6   高中生积极情绪的团体心理辅导方案

序号	单元主题	单元目标	活动过程	作业
1	有缘相识	1. 使成员对团体有初步的认识。 2. 增加成员的相互了解。 3. 制定团体的基本规则,形成团体目标。	1. 领导者简要介绍团体。 2. 交朋友小组活动。 3. 绕圈发言,了解成员对团体活动的想法。 4. 拟定活动承诺书,并签名。	
2	解"心结"	1. 使成员更加熟悉,心理距离更近,增进团体的凝聚力。 2. 创设和谐、互助的小组氛围,为成员倾吐心声奠定心理基础。 3. 增进成员对解决情绪困惑的信心和成员间的互助。	1. 棒打薄情郎。 2. 解"心结"。 3. 秘密大会串(1)。	
3	理性认识	1. 了解影响成员情绪的因素和扭曲的认知。 2. 了解 ABC 理论的原理,对不合理的信念进行质辩,增进理性认知。 3. 领悟调控情绪的方法。	1. 秘密大会串(2)。 2. 真情告白:分享成长经历,探讨影响情绪的因素和扭曲的想法(眼镜)。 3. 换副"眼镜"看世界(团体领导者用课件简要介绍 ABC 理论,并举例说明。) 4. 在交流分享基础上总结调控情绪的方法。	文字作业:请成员对影响自身情绪的一个不合理的信念进行质辩。

序号	单元主题	单元目标	活动过程	作业
4	情绪表达	1. 进一步学会用情绪ABC理论原理,从认知改变的角度调节情绪。 2. 帮助成员觉察自己一贯的情绪表达方式的优劣,学习运用适当的情绪表达方式。	1. 心灵小侦探:根据布置的家庭作业,用ABC理论原理对自身不合理的信念进行质辩。 2. 暖身活动:"抱一抱"。 3. 拷贝不走样。 4. 合理表达:通过角色扮演,学习使用"我讯息"。	行为练习作业:请成员在面临消极情绪时使用"我讯息"表达感受。
5	积极与消极	1. 了解积极心理学的核心思想。 2. 学习用积极想法看待人生。 3. 理解提升积极情绪的方法。	1. 教师简要介绍积极心理学的核心思想。 2. 换副眼镜看人生(请成员用积极视角替换个案案主的消极看法)。 3. 成员交流与分享,领导者概括和分享提升积极情绪的方法。	
6	快乐的秘诀	1. 激发成员的快乐情绪。 2. 使成员领会快乐的秘诀,特别是快乐与人生目标、意义的关系。	1. 主题活动"我的快乐时刻"。 2. 蒂姆的故事。 3. 在交流分享基础上,教师引导归纳快乐的秘诀。 4. 主题活动:时光之旅。	
7	积极的自我概念	1. 增进成员的积极自我概念,体会到表达自己的优势是值得赞许的行为。 2. 学会用自我冥想和言语自我暗示增进积极自我概念。	1. 分享"水知道答案",成员交流感悟。 2. 非常故事:只有你能欣赏我。 3. 主题活动:积极的自我概念。 4. 冥想活动:情绪的蜕变。	1. 文字作业:当日活动的总结和感想; 2. 行为练习作业:每天对自己说鼓励、肯定的话,进行自我冥想练习。

序号	单元主题	单元目标	活动过程	作业
8	生命的心流	1. 帮助学生体验心流，感受生活的乐趣。 2. 理解心流产生的重要条件和心流的意义。 3. 领悟创造心流的方法，并激励学生在日常生活中创造心流。	1. 主题活动（1）：解手链。 2. 分享心流，启动快乐之旅。 3. 心流何时有？ 4. 如何创造心流体验？ 5. 主题活动（2）：我的心流计划书。	行为练习作业：实践心流计划书。
9	向着美好的未来奔跑	1. 引导成员为实现自己的希望而承担责任及努力。 2. 交流成果，彼此反馈。 3. 了解成员在团体过程后的进步与改善，结束团体。	1. 交流分享一周来的行为作业。 2. 活动（1）：我的希望。 3. 活动（2）：请在我背后留言。	文字作业：填写问卷，以便评估团体活动效果。

（四）团体心理辅导效果评估

为了了解团体心理辅导活动的效果，在辅导结束后，请成员根据活动的总体感受，对一些项目根据满意程度进行评价，有 9 人完整地填写了评估表。结果如下：

表 4.7　团体活动总体效果评估表结果

项目	满意程度（人数）				
	非常满意	比较满意	一般	不太满意	很不满意
1. 你对团体目标达成度的满意程度	8	1	0	0	0
2. 你对团体气氛的满意程度	7	1	1	0	0
3. 你对老师带领方式的满意程度	7	1	1	0	0

续 表

项目	满意程度（人数）				
	非常满意	比较满意	一般	不太满意	很不满意
4. 你对老师带领能力的满意程度	7	1	1	0	0
5. 你对团体活动形式的满意程度	6	2	1	0	0
6. 你对团体活动内容的满意程度	6	2	1	0	0
7. 你对整个团体活动给你帮助的满意程度	6	2	1	0	0
8. 你对整个团体活动带给你变化的满意程度	7	2	0	0	0

可以看到，绝大部分成员对于团体活动效果给予了肯定的评价，大多数成员对各项目的评定为"非常满意"或"比较满意"。

从成员的访谈、书面反馈材料结果发现，大多数活动都成功达到了设置的目标。大多数成员在活动实施过程中投入程度较高，整个团体表现出关注、互助、支持的氛围，并能有效地把团体活动中的经验、行为迁移到日常生活领域。绝大多数成员均反映参加此次团体活动收获很大，对如何提高积极情绪有了更理性的认识，并能运用到自己的学习、生活、人际交往等方面，感受到更多的积极情绪。以下是成员对一些主题活动的感受。

在"快乐的秘诀"这个主题下的主题活动"时光之旅"环节中，在背景音乐的烘托和老师的指导语引导下，我们想象了5年后、10年后、20年后、50年后的自己在什么地方、做些什么事情。通过这一活动，让我对自己的未来有了一个大概的规划，这让原本对未来不确定的自己对将来有了一个模糊的雏形。或许，现在想的一切，只是一个梦想罢了，但至少我们的心中可以有期待，有奋斗的目标。只有这样，我们才有努力向前的动力，更全力让自己的梦想变成真实存在的现实。

通过老师生动的讲课，我明白了很多情绪都是自己可以选择的，快乐是我们生命的意义。每次看到心理老师满脸的笑容，真的又感到温暖，又是敬佩一个人的心理素质之高，可以看开一切。虽然我还没有包容一切的心胸，有时候会为一些小事郁闷苦恼,但我也会努力向这个方向前进。在"解手链"的活动中,我们体验了"心流",我也试着按照我的"心流计划书"更多地让自己在学习、生活中创造心流,体验心流,感受生命的快乐真谛!

……最让我记忆犹新的活动是"解手链"的心流体验活动,我们要试图解开"手链",但却不能松手,在中途,我曾被调出去,又被挤到最下面,手被拉得有些疼,我曾想着放弃,但看到大家都很投入,我也就坚持,听从同学的建议,当"手链"一个个被解开时,那份喜悦、兴奋真是不言而喻的,我们体会到了心流。当然,不仅在游戏中,在学习、生活中寻求心流更为重要,到高中,"泡图书馆"成为我的爱好,读一本自己喜欢的书时,我感受到了心流,我还试图用活动中提到的化无聊为神奇的方法,创造心流体验。

团体活动给成员带来了怎样变化呢?

在参加了团体训练活动后,我发现自己比以前更懂得了释怀,不再会为了那些得不到的东西挣扎半天,不再会因为压力太大而说不出话,紧张得过头,不会再总是因为一点小事而和同学吵上半天,比以前更加从容,也懂得如何更好表达,懂得了该放下时就得放下,对拥有的如友情、亲情,我懂得了要更加珍惜……

我发现自己的情绪比以前好了不少,遇到一些棘手的事情,不会很消极地认为自己什么事情都办不好,世界一片漆黑。以前总是害怕失败,认为失败了就会被别人瞧不起,现在想想没有必要那样想,走自己的路让别人去说吧,吾尽吾力吧。……我发现很多事情都是有两面性的,我们不能只看到它的一面而被蒙蔽。茫茫人生中,我们总是抱怨自己有多么的不幸,但是我发现我们能来到这世上就是我们最幸运的事了,感激之心,可以使我们变得宽容、快乐!

在这里,我可以畅所欲言,不必像在教室那般怕回答错问题而不敢吱声;在这里,我可闭上眼睛,安静地想着5年后的自己、10年后的自己……在这里,我可以找到自己,重拾遗失的欢声与笑语,找回我的小宇宙。我喜欢看到老师总是面带微笑的脸,我相信这并不是每一个人都能做到的。我发现进入高中的自己,多了许多消极的情绪,正如老师所举的案例一样,有时我很消极,从而给人很冷的感觉,这并不是我想看到的。然而,现在的我却找回了许多积极的情绪,我更能试图发现问题的积极方面,我会给自己积极的自我暗示,适当放松自己,如听听音乐、看看书、晒晒太阳……,有许多方法都是在这里学习或去实践的。

　　团体心理辅导活动对象还可以是家长或教师。下面介绍李雪梅老师开展的面向家长的团体辅导活动方案。

家有中学生——亲子沟通工作坊

　　活动目的：通过异质成员的团体辅导，帮助成员改善亲子沟通模式，增进亲子关系

　　活动时间：2018 年 4 到 6 月，每周六下午 1 点到 2 点

　　活动地点：学校团辅教室

　　活动负责人：心理老师

表 4.8　亲子沟通团辅内容

时间	名称	目标	活动
第一次活动	有缘来相聚	使成员对团体有初步的认识，制定团体的规则和目标。	1. 领导者简要介绍团体。 2. 破冰活动：我的名片。 3. 澄清并制定团体约定。
第二次活动	与青春期温和牵手	了解养育青少年面临的挑战，理解孩子，看到身为父母的期待。	1. 吐槽大会。 2. 孩子青春期，你准备好了吗？ 3. 交流分享。
第三次活动	我的亲子沟通形态（一）	觉察家庭成员间的亲密关系。	1. 热身游戏：天气预报。 2. 绘制亲子圈。 3. 家庭的五种亲子沟通形态。 4. 交流分享。
第四次活动	我的亲子沟通形态（二）	觉察家庭成员间的互动模式。	1. 热身游戏：天气预报。 2. 个人剧场。 3. 家庭雕塑。 4. 交流分享。
第五次活动	我的亲子沟通形态（三）	聚焦亲子互动模式。	1. 热身活动：天气预报。 2. 家庭剧场。 3. 讨论分享。
第六次活动	爱要如何说出口（一）	觉察与家人的沟通方式。	1. 八仙过海。 2. 故事接龙。 3. 交流分享。

续　表

时间	名称	目标	活动
第七次活动	爱要如何说出口（二）	学习沟通技巧。	1. 热身活动：解绳结。 2. 沟通秘籍：倾听与回应。 3. 沟通练习。 4. 交流分享。
第八次活动	认识你真好	团体结束，告别。	1. 相见欢：团体回顾。 2. 制作感恩卡。 3. 团体结束：回顾与互赠礼物。

活动简案：

第一次活动：有缘来相聚

1. 成员报到后，请成员先准备自我介绍的小卡。

2. 领导者自我介绍，并说明团体的性质和目的。

3. 请成员自我介绍，用一个形容词来形容自己是个怎样的父母，并分享个人参加团体的经验与对团体的期待。

4. 澄清团体目标与期待，并提醒团体保密与相关规范。

第二次活动：与青春期温和牵手

1. 吐槽大会。

倾诉目前亲子关系中所遇到的困难，平时孩子的哪些表现使自己感到失望、伤心、难受。

2. 孩子青春期，你准备好了吗？（多媒体课件与讲义）

领导者讲解青春期孩子的心理特点与需求。

3. 互动讨论：爱一个人，是给己所需，还是投其所好？

4. 简单分享此次活动的收获。

第三次活动：我的亲子沟通形态（一）

1. 热身活动：天气预报。

小组内简单交流这一周亲子相处的状态，互动良好是晴天，只是偶有小冲突是多云，彼此比较沉闷是阴天，有较剧烈冲突是下雨……以此类推。

2. 绘制亲子圈。

领导者发下空白纸张并说明绘图方式，解说完毕后请成员绘制自己的亲子圈。

（1）请成员画出自己与孩子。（用文字或图案在纸张上画出，并呈现出心理距离）

（2）在亲子图旁写下年龄、称谓以及一个形容词或者一句话，用来形容这个成员。

（3）用一句话来形容目前亲子关系的状态。

3. 领导者介绍家庭的五种沟通形态：讨好型、指责型、理智型、打岔型、一致型。

（1）请成员画出自己与亲子间沟通时的沟通状态（双向）。

（2）完成亲子图后，请成员在团体中分享自己完成的亲子图。

4. 简单分享此次活动的收获。

第四次活动：我的亲子沟通形态（二）

1. 热身活动：天气预报。

2. 领导者简单回顾上次所讲的家庭的五种沟通形态。

3. 个人剧场。

（1）请大家做出指责型的姿势。

（2）两两一组，分别做出讨好型与打岔型的姿势。

（3）换组，再分别做出理智型与一致型的姿势。

（4）请大家简单分享活动过程的感受。

4. 家庭雕塑。

（1）成员邀请其他成员一起雕塑出在家庭中与孩子及伴侣的主要沟通形态。

（2）邀请其他成员反馈其作为伴侣或者孩子在雕塑中的感受。

5. 分享与讨论此次活动中的收获。

第五次活动：我的亲子沟通形态（三）

1. 热身活动：天气预报。

2. 家庭剧场。

（1）针对第二次活动中提及的亲子沟通议题，写下当时亲子沟通的对话。

（2）邀请成员呈现出亲子议题，并请其他成员雕塑出当时的沟通形态。

（3）请成员改变当时的沟通姿态，体验改变后的状态。

3. 分享与讨论此次活动的收获。

第六次活动：爱要如何说出口(一)

1. 八仙过海。

请成员假装自己是一个神仙，每个神仙都有自己的本领和法术，能够想出各种方法让自己由咨询室的这一端到另一端。(每个神仙的方式不可以重复)

领导者："八仙过海"中不同的神仙想到不同的点子，就像不同的人有不同的个性和做事方式，看事情的角度也不一样，现在我们用故事接龙的方式来表现自己的看法。

2. 故事接龙。

(1) 围成一个圈，圈内再放一把椅子。成员各自选择一个布偶，每个人轮流说故事，轮到说故事的人要接着前一个人的故事内容继续下去，可以增加或者减少任务，但每个人所说的故事至少要包括开始、后来、结果三段内容。

(2) 由领导者开始："有一片茂密的森林，里面住着一只虎大王，它很有力量，可同时它也很有脾气，它觉得做大王要负很多责任，自己挺累的也很孤独，它很想找身边的动物们说说话，可是每当它一和别人讲话，嗓门就会越来越大，结果别人都跑开了，不愿意和它多讲话。"轮到讲故事的人带着布偶坐在圈内的椅子上，其他成员可用布偶与其对话。

3. 分享与讨论：我的布偶故事，是不是我平常的想法和说话方式？我的这些想法与方式对家庭成员会产生何种影响？

4. 简单分享此次活动的收获。

第七次活动：爱要如何说出口(二)

1. 热身活动：解绳结。

看似不可能的任务，如果硬扯，绳结会越来越紧。而当你变得柔软，进入到对方的世界去看看的时候，绳结就很神奇地打开了。

2. 亲子沟通的技巧。

(1) 案例探讨：你准备用什么样的语言与孩子进行沟通？

(2) 领导者讲解青春期亲子沟通的技巧：倾听与回应。(多媒体课件与讲义)

3. 沟通练习。

角色扮演，A做孩子B做家长，孩子向父母讲一件今天学校发生的特别开心或悲伤的事，父母做出回应。再互换角色，分享感受。

4. 简单分享此次活动的收获。

第八次活动：认识你真好

1. 相见欢：团体回顾。（多媒体课件）

例次活动照片集锦呈现，回顾团体走过的历程。

2. 制作感恩卡。

最想对孩子说的话；

最想对伙伴说的话；

最想对自己说的话。

3. 团体结束：互赠祝福与礼物。

（东华大学附属松江实验学校　李雪梅）

第五章 组织支持实务

对于心理支持而言,组织支持不同于个体支持与团体支持。在学校教育这个独特的组织里,从人的视角看,可以区分为学生个体、学生团体、学生全体和教师群体。在这个意义上说,组织支持主要是面向全体学生和全体教师的支持。

对中小学而言,面向全体学生或全体教师的心理支持可以有:1. 课程建设,如我校高一开设心理活动课(每周每班一节),高二开设心理社团活动,高三开设具有发展和提高性的心理讲座。2. 开放心理辅导室,开展个别心理辅导,如电话咨询、心理信箱、心理测试。3. 团体辅导与训练活动,如"减压助考"系列活动、理性情绪训练、松弛训练等。4. 心理卫生知识的普及宣传,如校刊中的"心灵之约"栏目、黑板报、小报、心理健康教育讲座。5. 学生研究型课程学习和社团活动,如心理沙龙、"心灵之约"(广播节目)、面向全校学生的主题活动、编辑刊物、课题研究。6. 心理健康教育网站,包括心理咨询、心理沙龙、知识长廊、心理测试和邮件接收五个板块。对学校而言,组织支持是对全校学生或全体教师的支持;对班级而言,是对全班学生的支持,因此组织支持可以从全校心理健康教育活动、班级心理辅导和教师心理健康维护三个方面进行分析。

第一节 学校心理健康教育活动月

一、 涵义与意义

心理健康教育活动是提高中小学生心理素质,促进其身心健康和谐发展的重要途径。心理健康教育活动与学生个别咨询、团体心理辅导相比,更侧重于发展性心理辅导,更指向于学生心理素质的提升和健康心理的维护。心理健康教育活动由于在内容与形式上更具有教育性,能够在一定程度上普及心理健康知识与促进学生发展,在主题选择上更具有针对性与趣味性,受到同学们的欢迎。

另外,心理健康教育活动不像学校心理咨询,学校心理咨询的承担者需要有一定的资质,需遵循咨询伦理,全体教师都可以共同参与心理健康教育活动,因此它是改进中小学德育工作,全面实施素质教育的重要组成部分,在这个意义上说,开展心理健康教育活动是全体教师心理育人的责任和义务。

学校心理健康教育活动月是学校通过组织一系列内容丰富、形式多样、参与性强、针对性强的活动,宣传普及心理健康知识,营造良好心理健康教育氛围,提升师生对自身、对他人心理健康的关注,促进师生身心健康和谐发展的系列活动。它是面向全体,广泛普及心理健康知识的宣传活动;是立足教育,促进师生心理素质提升的教育活动。以上海市为例,第一届心理健康教育活动月于2012年举行,以后每年5月定期举行,由上海市教育委员会主办,上海学生心理健康教育发展中心承办,大中小学共同参加。每年都有不同主题,2012年的主题是"珍爱生命 化解危机",2013年的主题是"分享阳光 拥抱梦想",2014年的主题是"和谐心灵 健康成长",2015年的主题是"关爱心灵 携手成长",2016年的主题是"创意表达 放飞心灵",2017年的主题是"健康校园 美丽心灵",2018年的主题是"新时代 心成长",2019年的主题是"我的国·我的家,我的心'晴'故事",2020年的主题是"'疫'境中的生命成长——我的'云端'心情故事"。从这些主题来看,都是聚焦学生心理健康成长的,每一所学校、每一个学生都是可以参与的。活动形式主要有讲座、知识竞答、征文(博客、微博)评选、板报(海报)设计、演讲、心理剧比赛、拓展活动、社团展示、朋辈互助活动等。

二、 设计与实施

学校心理健康教育活动月的主题应该与上级部门发布的主题一致。由于这些主题一般与当时的心理健康教育热点话题或社会背景有密切关系,学校可以在上级设计的大主题内选择适合自己学校的主题,设计应该符合学生的兴趣,服从学校的总体工作安排,促进学生的心理发展。下面以笔者所在学校2019年的心理健康教育活动月为例,说明是如何设计方案与实施的。

(一)指导思想

以发展性心理健康教育与积极心理学理念为主导,围绕主题,广泛开展各类心理健康教育活动,宣传普及心理健康知识,营造良好校园心理氛围,引导学生进行积极自我探索,保持阳光心态,提升学生自助互助能力,促进学生健康成长。

(二) 活动主题：心"晴"阳光，健康成长

围绕学生自我成长经历，聚焦抗逆成长、阳光心态，讲述心灵感悟、成长体会，凸显青春正能量，促进身心和谐可持续发展，为健康成长和幸福生活奠定基础。

(三) 活动目的

1. 聚焦学生健康心态，以学生讲述自己的"心'晴'故事"为主要特色，鼓励学生进行积极的自我探索，展示新时代学生理性平和、积极向上的精神风貌。

2. 加强家庭教育的指导，营造校园心理健康教育的氛围，为学生心理健康成长创设良好环境。

3. 通过各种活动开展，提升同学们的自助与互助能力，培养学生诸如乐观、爱、感恩等积极心理品质，促进心理健康。

(四) 活动时间：2019 年 4 月 22 日—5 月 17 日

(五) 具体活动安排

第一阶段：宣传动员

1. 晨会宣传

2. 海报宣传

3. 视频宣传

第二阶段：走进心灵

1. 心理影片赏析(心随"影"动，品味成长)

2. 心理漫画大赛(图绘心"晴"，体验成长)

3. 美言趣照征集(传递心"晴"，领悟成长)

4. 心理咨询测评

5. 心"晴"故事征集(记录心"晴"，感悟成长)

6. 云间树人讲坛(呵护心"晴"，遇见美好)

第三阶段：活动体验

1. 主题教育活动：分享心"晴"，助力成长

2. 主题拓展活动：体验心"晴"，共同成长

3. 主题体验活动：舞动心灵，笑对人生

4. 主题实践活动：走进社区，勇于担当

表 5.1　2019 年心理健康教育活动月安排(4 月 22 日—5 月 17 日)

	活动名称	活动时间	活动内容和目的	地点	参与对象	负责教师
第一阶段：宣传动员	1. 晨会课宣传	4 月 22 日周一晨会、升旗仪式	宣传活动主题、内容，以激发学生参与活动月各项活动的热情。	各班教室	全校师生	李捷、杨珊、肖岚
	2. 海报宣传	4 月 22 日—5 月 17 日	宣传活动月主题、活动及心理健康的知识，营造校园心理健康教育的良好氛围。	校园内	心理社团、学生会	陈佳慧、肖岚、李潇
	3. 视频宣传	4 月 22 日—5 月 17 日	宣传活动月主题、活动及心理健康的知识，营造校园心理健康教育的良好氛围。	大屏幕滚动播放	全校师生	李捷、陈佳慧、肖岚
第二阶段：走进心灵	1. 心随"影"动，品味人生——心理影片赏析	4 月 22 日中午、4 月 23 日中午	通过观赏心理影片，了解更多心理知识，激发同学对心理健康的关注。	科技楼心理教室	心理社团	杨珊、肖洁辉、毛国媛
	2. 图绘心"晴"，体验成长——心理漫画大赛	4 月 22 日—5 月 17 日	为喜欢绘画的学生提供展示自己才能的平台，激发他们对心灵成长的思考。学校将组织参赛作品的评选及优秀作品的展示活动。	各班教室	高一、高二学生	焦仁萍、肖岚、高瑛
	3. 传递心"晴"，领悟成长——美言趣照征集	4 月 22 日—5 月 17 日	通过学生自创或摘录的美言及拍摄的校园生活趣照的发布，与他人分享心"晴"，一起体验乐趣，增强网络正能量。	网络	高一、高二学生	李捷、陈佳慧、李潇、肖岚、高瑛
	4. 心理咨询测评	5 月 7 日中午	利用中午时间开展借助心理仪器的心理测评服务，以增进同学对自身心理品质的了解，促进积极的自我探索。	科技楼前	全校师生	焦仁萍、杨珊、吕玉萍、郭赞、肖洁辉、毛国媛、尹秀华

	活动名称	活动时间	活动内容和目的	地点	参与对象	负责教师
	5. 记录心"晴"，感悟成长——心"晴"故事征集	4月22日—5月17日	学生围绕主题，自拟小题目，书写心"晴"故事。通过书写，抒发自己的情感、感悟，以更阳光的心态面对学习、生活。学校组织心"晴"故事的征集、评比、汇编活动。	各个班级	高一、高二学生	焦仁萍、李潇、肖岚
	6. 云间树人讲坛	4月26日，4月29日	请心理专家分别开展面向教职工、家长的心理讲座，促进教师心理健康，增进家长的家庭教育能力。	网络	全体教职工、高三学生家长	杨珊、吕玉萍、艾卫锋
第三阶段：活动体验	1. 分享心"晴"，助力成长——主题教育活动	5月13—5月17日	以校园广播电视台播放节目的方式组织学生观赏优秀作品，以班级为单位开展主题教育活动，组织学生分享心"晴"故事（演讲、心理剧、绘画作品）。	校园	全体学生	艾卫锋、陈佳慧、李捷、焦仁萍、高瑛
	2. 体验心"晴"，共同成长——主题拓展活动	5月中旬周二下午第8、9节课	高二同学在体活课的时间参加拓展活动，活动由三个环节组成。活动目的是在以班级为单位的团体心理活动中，通过成员的互动，增进团体的合作意识、集体荣誉感，促进和人际和谐。	操场	高二年级学生	艾卫锋、焦仁萍、李捷、杨珊、吕玉萍、郭赞、肖洁辉、毛国媛、尹秀华、陈佳慧、肖岚、马建刚、蒋利玲
	3. 舞动心灵，笑对人生——主题体验活动	4月29日中午	在宽松舒适的氛围中，在轻松乐曲的声音中，参与者欣赏优美舒适的图片，油然画下（写下）心中所思所想，描绘心	心理教室	高一、高二部分学生	杨珊、郭赞、尹秀华

续　表

	活动名称	活动时间	活动内容和目的	地点	参与对象	负责教师
			中的憧憬或者宣泄心中的郁结,放松心情更好地面对生活。			
	4. 走进社区,勇于担当——主题实践活动	5月11日—12日	利用周末时间发放心理健康知识宣传的小报,增进社区居民维护心理健康的意识。	社区	高二部分学生	焦仁萍、李捷、肖岚

三、 总结与思考

在心理健康教育活动月实施结束后,要做好总结反思工作。总结反思不只是心理老师的事情,要多听听学生的想法与感悟,要请学校的分管部门和领导共同参与总结。2019年笔者所在学校的心理健康教育活动月总结就是与学校德育处艾卫锋主任一起完成的,这样便于下一年学校心理健康教育活动月的设计与实施。

(一)主题选择

开展心理健康教育活动月是我校实施心理健康教育的重要途径。我校在2012年、2013年、2014年、2016年、2017年、2018年分别获上海市学校心理健康教育活动月优秀组织奖或特色项目奖。在历年活动月的开展中,我们深切感受到活动月对学生心理健康成长的增益作用。根据上级有关文件精神,结合我校实际和我们的思考,确立2019年心理健康教育活动月的主题是"心'晴'阳光,健康成长",其主旨就是培养学生阳光心态,营造积极心理环境,促进学生心灵成长。

(二)思路与方案

1. 工作思路

以"心'晴'阳光,健康成长"为主题,以积极心理学理论与发展性心理辅导为主导,结合课内和课外的双渠道广泛开展各类心理健康教育活动,宣传普及心理健康知识,营造良好校园心理氛围,引导学生自我探索,提升学生自助互助能力,培养学生积极乐观、健康向上的心理品质,促进学生健康成长。

2. 工作方案

遵循上述工作思路,首先由学校心理健康教育工作小组的核心成员在征询学生建议和吸取经验基础上,初步拟定活动月的总方案;而后,在学校德育处牵头下召集学校心理健康教育工作小组全体成员一起对方案提出修改意见,明确各个活动的职能部门及负责老师,形成最终的活动月方案;然后再由各个活动的负责人制定各个单项活动的具体方案。

本次活动月大致分为三个阶段。第一阶段:宣传动员。通过晨会、板报、心理小报、宣传海报、微信、校园传媒平台等开展动员和宣传。第二阶段:走进心灵。主要有"我的心'晴'故事"征文评比、心理影片赏析、心理漫画大赛、美言与趣照征集评比、心理测评与咨询、树人讲坛共六项活动。第三阶段:活动体验。主要有"分享心'晴',助力成长"主题班会、"非常接力赛"团体拓展活动、"音乐舞动心灵"、"走进社区,勇于担当"主题活动共四项活动。

(三) 实施情况

1. 高度重视,广泛宣传

多年来,我校一直高度重视活动月的组织与开展,德育处主任和专职心理老师负责活动月全程策划。活动月启动之前,德育处主任主持召开了准备会议,学校党总支书记及德育分管校长出席会议,提出活动月创品牌特色的要求,各位与会老师学习了活动月的有关文件,充分了解各自负责的活动。学校领导还通过教职工大会让教师知晓活动月的主题与主要工作思路。

在学校高度重视的同时,我们加强了宣传活动。活动月正式启动时,我校心理特级教师利用晨会课对活动月进行宣传和动员。每周日程和每个教学楼的公告栏及时宣传每周的活动安排。另外,同学们还通过自制的活动海报进行深入宣传。为营造校园心理健康教育活动月的氛围,我校还通过广告公司制作了活动月的主题横幅和活动月主题相关的道旗(共六对)。通过多层面、多渠道的宣传,让学生知晓了活动月的意义和安排,激发了学生参与的热情,保证活动顺利实施。

2. 精心策划,分类组织

根据高中学生的兴趣广、自主性强的特点,我们精心策划两类活动,一类是学生全员参与的活动,主要是主题班会和团体拓展活动,组织者主要是老师。另一类是"自助餐"活动,同学们可以根据自己的兴趣、需求自主选择。该类活动有"我的心'晴'故事"、"音乐舞动心灵"、"心理测评与咨询"等六项活动。该类活动大多是由心理社团或学生会同学主持。各项活动做到有计划、有过程、有效果、有评价。

3. 覆盖面广,影响力大

设计全员参加的活动,保证每位同学都参与到活动月中,自主选择的活动,全校学生参与的比率近70%。德育处、团委等部门领导,专兼职心理教师,班主任,体育、美术、语文等学科的教师都积极参与到活动的组织、指导中,心理社团、学生会同学积极参与到活动的宣传、主持。活动月持续了四周,周周有两到三个活动,受益面广,学校老师和学生通过微信对活动进行了分享,学生在活动中深有感触。正如同学所说:"团体拓展活动中,我们在欢声笑语和此起彼伏的加油声中挑战自己,感受到团结奋进的力量,感受到校园生活的美好!"

4. 勇于创新,打造品牌

活动月中以年级为单位(各班级全体同学参与)的大型团体拓展活动是我校近年来持续开展的一项活动,由于参与的学生人数多(一个年级约460人),因此对活动的策划和组织要求更高。我们知难而上,今年的活动月仍组织了以年级为单位的"非常接力赛"团体拓展活动。每个班级的绝大部分同学参与了不同环节的活动(整个活动由动感隧道、背靠背运气球、抱抱团、七人八足四个环节组成)。在吸取往年开展拓展活动的经验基础上,我们常做常新,如"抱抱团"活动是我们对经典团体辅导活动"站报纸"进行的改造,用"趾压板"取代报纸,使活动更加有趣。

(四)活动成效

1. 促进了良好的人际互动,营造了积极向上的校园心理环境。活动月诸多活动的开展,在潜移默化中促进了同学们的良好人际交往,提升了同学们自助与互助的能力,促进了校园心理环境的优化。正如某位同学感言:"没想到自己看到的游戏会在学校里玩,大家抱在一起感觉真好! 十年后,若回想起这段时光,心中会是无比的甜。"

2. 提升了学生对心理健康的觉察与关注,促进了学生的心灵成长。我校以活动月为契机,借助多渠道,通过内容丰富、形式多样、参与性强、针对性强的活动开展,引导学生积极参与体验,并通过同伴互助、他助和自助的方式,促进了学生心灵的成长。

(五) 主要创新点

1. 以学生自主为核心,活动广度和深度有保障。在开展的多样化活动中,既有课内的主题班会、拓展活动,更有课外的同学们自主选择参加的各项活动。这样的安排,不仅保证了同学的参与度,还满足了学生的兴趣和需求,推动了活动的深入进行。比如喜欢音乐的同学可以参加"让音乐舞动心灵"活动;喜欢画画的同学,可以参加心理漫画赛;愿意探究自我的同学,可以参加心理测评与咨询等。

2. 以艺术性表达为载体,活动形式和内容有新意。我校活动月以表达性心理辅导的理念和技术为指导,围绕"心'晴'阳光,健康成长"这一主题,开展了一系列活动,借助写作、绘画、音乐、美言趣照等方式,引导同学们在艺术表达中走进心灵,呵护心灵,促进心灵成长。

总之,在学校领导的高度重视、组织者的精心策划以及广大老师和同学们积极参与下,我校活动月的各项活动得以圆满完成。

(六) 分类活动小结与学生感言摘录

1. "非常接力赛"团体拓展活动小结

5 月 14 日,筹备已久的高二心理活动月在操场上隆重登场,大家期待已久的各种精彩活动即将开始,每个班的同学都整齐有序地排好了队伍,等待着活动的开始。我站在队伍中远远地看向司令台,听见焦老师对本次活动发出动员,朱老师宣布本次游戏的规则并强调同学们注意安全,注重合作。本次活动分为动感隧道、抱抱团、背靠背运气球和七人八足。在活动开始之前,每个班有 20 分钟的准备练习时间,每个人都在为自己班级的荣誉出谋划策,我能看到每个人脸上的认真专注。每个班一位的裁判员都准备就绪了,我相信他们都秉承着公正严明的态度。第一个活动动感隧道开始了,每班 10 个人围成一圈使得呼啦圈转 3 圈,不得松手,同学们都斗志满满地按照之前的战术一丝不苟地完成,即使有些班级已经听到别的班级已经完成并开始欢呼,他们也没有就此放弃,而是依旧完成游戏。第二场抱抱团游戏开始了,当我看到两块小小的趾压板上居然可以站上 12 个同学,而且每个同学都紧紧地抱在一起,抛开了青少年之间的羞涩,而是团结一致为了目标胜利而努力的时候,我很感动。第三个活动是背靠背运球,我们班的两个男生"不幸"在比赛中落了单,但他们不放弃,依旧一蹦一跳地完成了比赛。最后一个游戏是七人八足,每个班级在开始训练的时候总是跌跌撞撞,但在最后的比赛中都尽其所能完成,在比赛的过程中,我也总能听到不参赛的同学的鼓励声音,是那种能振奋人心的鼓励。在每一个环节结束后,同学们都在黑板上贴上自己的活动感想,有同学说为自己和同学们的努力和坚持感到骄傲,也有同学说这些活动给阴天也带来了欢声笑语。有一位同学的留言最令我感动:"一生之中最美好的时光莫过于青春了,在青春时光,能与你们一起拥抱,一起加油,一起努力,是多么美好的事情。"是啊! 在以班级为单位的团体心理活动中,通过成员的互动,增进团体的合作意识、集体荣誉感、责任感,促进人际和谐,这不就是心理活动月开展的意义所在吗? 合作、友爱、挑战,是这个活动所传递的主题。

2. "非常接力赛"学生感言摘录

心理活动月的活动非常有意义,趾压板踩上去很痛,但是和同学们抱在一起的感觉真好! 感受到大家团结、协作,我们非常开心! 我们在活动中收获了智慧、快乐,拓展活动给我的高中校园生活留下了深刻的印象! ——高二(2)班＊＊同学

在"背靠背运气球"的活动中,有个班级的同学球掉了,他们快速捡起球,继续前行,我感受到,有些事急不得,同时也为他们的努力和坚持喝彩。记得当时,同学们还自发地喊出"加油"! ——高二(10)班＊＊同学

我们班"抱抱团"的女孩们都特别棒,她们一共站上了 12 人,人数是最多的,虽然有一会儿重心不稳,但她们坚持下来了,坚持就是胜利! ——高二(9)班＊＊同学

在前期准备工作中,我们班的同学积极参与,四个活动都精彩有趣,考验同学之间的默契合作,也使班级凝聚力大大提升,记得在"七人八足"的活动中,我们班的参与同学喊出节奏,大家步调一致"飞"向终点。愿我们在学习、生活中都能脚踏实地,团结协作,勇往直前! ——高二(2)班＊＊同学

3. "图绘心'晴',体验成长"心理漫画大赛小结

以"图绘心'晴',体验成长"为主题的心理漫画大赛于 2019 年 5 月 15 日截稿,共收到作品 51 份。通过美术老师参与的评选,共选出特等奖 1 名,一等奖 4 名,二等奖 5 名,三等奖 6 名,鼓励奖 16 名。

对于"图绘心'晴',体验成长"这个主题,每位同学都有不同的想法,各位参

赛人员也用自己的画笔描绘出心中的感悟、体会和亲身经历。看得出来，一些没有专业漫画技术但仍然喜爱漫画的学生，用稚嫩的笔画出每个人的故事，这是珍贵的财富。无论是画者还是欣赏者，我相信他们都可以通过这一幅幅朴实真诚的画作引起回忆和共鸣。我作为这次活动的组织者之一和画作的中转站，一点点看着美好的心愿和希望在我这里延续、传承。每幅画的主题并不相同，有对友谊的赞颂，有对学习的追求，有对梦想的渴望，有对自由的思考……其中不乏有很多充满创意的画，我印象最深的是心"晴"这张图画，用心为梦想拼图、努力，是心"晴"，是积极的阳光心态！

这次的活动虽然只有一个月都不到的时间，但我们可以将这份爱和希望一直延续下去，就像画一样，永远被珍藏。

4."心随影动，品味人生"活动小结

我和我的一位同学在弄清流程后，开始进行我们的准备工作。我们利用课间时间到高一和高二各班级通知了这个活动。作为这个活动的主持人，说实话我一开始担心到场的同学会不会太少。但事实证明，我多虑了。我没有想到，同学们十分重视这次观影活动，看到同学们坐满了整个心理教室，每天大约有近60位同学参加观影活动，我真的感到很欣慰，同学们很支持这样的活动啊。

我作为主持人，对心理老师提出了在观影结束后用抽奖方式激发大家的积极性，老师欣然同意了，虽然准备工作多了一项，但我们还是乐在其中。由于我的粉笔字不好，我们还请了班级同学进行了黑板布置。在观影中，同学们都很认真，同学们看完电影，我们还组织他们写感言。

在主持观影活动的同时，我也是一名观影者。这部电影给了我很大的震撼，我感受到坚持与努力对人生的影响，也为影中主角对学生的爱而感动。

这次的观影活动很成功，不管是从主持人还是观影者的角度来说。最后我很感谢老师让我主持这个活动，也很感谢学校举办这次很有意义的活动。

5."心随影动，品味人生"观影学生感言摘录

影片中的主角患有心理疾病，在他的童年曾受到他人的嘲笑，但他不屈服，在其母亲的帮助和自己的努力下，他带着症状，去学习、生活，终于实现了自己的梦想——成为一名教师，他用爱对待每一位学生，深受学生的喜爱。纵使上天最初对他如此不公，但他仍以最好的自己回报社会，这点令我深深感动。生而健康

的我们,需好好珍惜,不负年华,将来为社会尽自己的一份力! ——高一(4)班＊
＊同学

布莱德凭借着对人生的乐观心态与追求梦想的执着,如愿成为了教师,一项
人们眼里妥瑞症不可能从事的职业。他用心用情用智慧投入到他热爱的事业
中,以其优异的表现,终于取得了最佳教师奖项。布莱德的成功,不光取决于他
对人生的乐观心态与追求梦想的执着,也与他妈妈的鼓励有着直接的、密不可分
的关系。在布莱德泄气的时候,他妈妈就会带他去散心,或者用一些道理去开导
他。若没有妈妈的开导,估计布莱德也没有现在的成就。我想到我的父母,我的
爸爸妈妈是家里的顶梁柱、定心丸,为我遮风挡雨,安抚心境,以后,我一定要作
以回报! 一定! ——高一(5)班 ＊＊同学

这部电影向我们传达了什么呢? 我想主要是对他人要友善,绝不要轻易对
他人的那些"缺陷"横加指责和嘲笑。要相信自己,要继续奋斗。那些连孩童都
明白的道理别等到长大了却统统忘记。我们一个小小的举措,或许也会在别人
心中留下印记。要善良,要勇敢。我们要对他人永怀善意,用最温暖的心去怀抱
世界。——高一(11) ＊＊同学

6. 美言趣照活动小结

这次心理活动月的"美言趣照"活动共50多位同学参与,可见同学们对于本
次活动的热情。本次活动的意义,我想是在于让大家关注到身边的美好,在这些
美好中感受生命,感受青春。让同学们能在繁忙的学业中,偶尔抬头看看,一片
绿影斑驳。同学们发来的感悟真是十分的动人,有如同学写道:"为将来,放下无
所谓的念想,道一句,此心安处是吾乡",也有同学写道:"日子总是像从指尖渡过
的流沙,在不经意间悄然滑落,那些往日的忧愁和误会,在似水流年的荡涤下,随
波轻轻地逝去,而留下的欢乐和笑颜就在记忆中历久弥新"。同学们发来的照片
或唯美,或有趣,都精妙无比。有的记录校园生活,有的寄托生活感悟,无一不使
我们感叹,生活啊,是真的美好。

本次美言趣照真是让人受益匪浅,让我们懂得了照片和文字的魅力,也让我
们感动,感动于青春,感动于梦想,感动于生命。

我用同学的话来作为结束语:一样的树,一样的花,一样的人,三年,我们将
在这里度过。说长不长,说短不短,这里的每一个人都值得珍惜。

松江二中,梦开始的地方。

7. "心理测试与咨询"活动小结

五月我校开展了心理健康教育月活动,其中由我们高二心理社团听心阁成员负责管理的各种心理仪器的测评活动和老师负责借助纸笔的心理测验与心理咨询活动在我校科技楼下如火如荼地展开。

本活动是在中午开展的,虽然时间很短,只有短短的一个小时,却几乎吸引了大半高一的同学们前来参与。活动期间参与的同学来来往往,络绎不绝,每一个测试仪器前都排起了长长的等候队伍。

负责心理测试与咨询活动的老师们也是忙个不停。由于时间关系,有的同学没能参加测试,他们还提出是不是可以到心理辅导室做测试。显然同学们对于本活动都表现出了极高的兴趣。以后学校可以再举办这样的活动。

活动结束后我们也对参与本次心理活动的部分同学进行了一次小小的采访,希望了解他们对于本次活动的评价以及本活动是否还有什么改进之处。

活动主持人:发现高一的同学都非常热情和积极,他们对心理测试这一块也表现得非常有兴趣,通过这次活动,增进大家对心理的认识,对自己的了解和心理觉察。同时希望有更多的同学能够关注心理健康,更加积极主动地去参与学校组织的心理方面的活动,也希望学校能组织更多的类似的活动。

活动参与者:本次活动非常有意义,能够通过本活动了解自己的心理状况,了解自己是否有心理疾病的隐患或者存在心理上的问题,并及时做出自我调整。同时也让学生了解了一些平时在课堂上没有了解的东西,拓宽了知识面。

8. "心理测试和咨询"学生感言摘录

心理测试有很多种类,比如:考试焦虑症测试、抑郁症测试、气质测试、人际关系测试等,针对学生各个方面的心理问题而设置。种类繁多的测试使学生可以根据自身的情况和需求进行选择。我做了考试焦虑的量表,测出了是中度焦虑,与自己开始的估计比较接近,我需要注重自我的调整,如自我调整不理想,还可以寻求老师的帮助。——高一(1)班＊＊同学

使用仪器的测评活动也已如火如荼地展开,同学们对这次的活动也都满怀期待。来的同学们很多,椅子不够用,有些同学就在心理教室或科技楼的台阶上,认真做测验。我觉得这个互动创设了让同学走进心灵、更好地了解自己的平台。——高一(5)班＊＊同学

虽然本次活动已告一段落,但我们仍希望之后类似的活动能够多多举办且

越办越好。

9. "让音乐舞动心灵"活动小结

周一中午我们组织了"让音乐舞动心灵"的活动,在温暖的阳光下,短短 50 分钟的时间,让我们能陪伴同学们有机会停下来喘息,闭上眼睛用心去感受音乐传递给我们喜悦或忧伤的情感,整理我们的心情,重新出发,这是很让我们感到有意义的事情。

活动当天,来了很多同学,大约有 50 几位,坐满了整个心理教室,椅子不够用,我们还去隔壁教室拿了几个过来。整个活动都进行得很顺利,我们选择了几个主题:励志、亲情、友情、童年。分别找了大约 20 张图片,并为之配上或是悠扬或是活泼的音乐,希望前来参与的同学能跟随着优美的音乐,尽情地回忆过去的美好,并从中获得新的前进动力。"梦想"板块是引导同学们画出心中的梦想,有几位同学分享了自己的画作,每位同学留下了自己的作品。听完音乐后,大家纷纷在贴纸上写下自己的感受,在纸上写下自己的心情,我们把同学写的纸张贴在一张大彩纸上,然后把这张彩纸贴在心理教室的墙上,可以让同学们再回味。在这喧闹的都市里,当你被生活压力折磨得疲惫不堪时,放上几首音乐,你会顿生脱离苦海如入仙境的欢欣。让我们手捧一杯清茶,聆听一首音乐,在音乐中得到心灵的成长。

10. "让音乐舞动心灵"学生感言摘录

在听完有关"梦想"的音乐,我画了手牵风筝的男孩,其实梦想很简单,就像放风筝,把握住手中的那根线,然后放飞它,放飞自己的梦想,就算线断了,也不用奇怪,因为那没什么,每一个阶段都有一个奋斗的目标,就算是失败了也没有什么,捡起梦想的风筝,继续放飞,相信自己总有一天,会越飞越高,越飞越远,最后到达自己梦想的天堂。——高一(6)班 ＊＊同学

本周一我参加了心理周的活动。在活动中我们欣赏着各种各样的图片,听着舒缓的音乐,在音乐中思考自己的梦想,也画了一幅有关自己梦想的画。我觉得一个人一定要为自己的梦想拼搏一次,即使失败了也不会给自己的人生留下遗憾。每个人都应该试着追逐自己的理想,只要不放弃并坚持付出,我相信总有一天能实现自己的梦想。——高一(7)班 ＊＊同学

在这次活动中,我身临其境感受到很多平常不静下心就无法体会到的内心感受。欣赏着一首首动人的音乐和一张张令人沉醉的图片,写下心中所想,画下

心中所往。在想象中驰骋，让思绪放松下来，回归最初的平静，感受生活、生命的意义，这是多么美好的感受！——高一(4)班　＊＊同学

听着优美舒缓的音乐，看着屏幕上一张张励志的图片，我心中对未来充满了无限的憧憬。梦想虽然是遥不可及的，但只要有明确的目标和方向，并朝着这个方向不断地为之付出、努力着，遇到挫折不放弃，坚定自己的信念，最终会看到成功的曙光。这让我想起了一句话："努力、付出过的人，收获只会延席，但不会缺席。"祝愿每个追梦者都能早日梦想成真。——高一(7)班　＊＊同学

聆听着耳畔美妙动听的音乐，脑海中是一张张图片引发出的遐思，仿佛正在打开一份尘封已久的礼物，让我回顾过往的时光，以及此中我的次次成长。那从零到一的突破，那从一到正无穷的进步，见证了我一次又一次的进步。——高一(4)班　＊＊同学

第二节　班级心理辅导

班级是中小学教育教学重要的组织形式。中国中小学班级不同于很多欧美国家，许多欧美国家的班级只是教学单位，是为走班教学服务的，而我们说中国中小学班级主要是行政班，它是作为学校的教育教学最基层组织存在的，也就是说学校的许多教育教学工作都是在班级落实的，如学生的思想教育、日常管理、劳动卫生乃至社会实践都是在班级生活中完成的。虽然我国中小学也有类似欧美国家的教学班，它是为学生选课而分的班，但教学班更具有临时性的特征，课程学习结束后，班级的很多特征便不复存在。因此，这里讨论的班级仅限于中小学行政班。

中小学班级心理辅导不同于西方国家的团体(或小组)心理辅导，它是班级全体学生的集体辅导，也就是说辅导对象是不经专门筛选的，是班级中的全体学生。正因为是全体学生，面向全体学生的班级活动都可以利用起来开展心理健康教育，以促进学生心理核心素养的提高，如主题班会、班级社会实践活动等。班级心理辅导的组织者通常是班级的班主任。

教育部《中小学班主任工作规定》明确："班主任是中小学日常思想道德教育和学生管理工作的主要实施者，是中小学生健康成长的引领者，班主任要努力成为中小学生的人生导师。"班主任是学生的人生导师，班主任开展心理辅导不是

"额外"工作,而是本职工作。班主任不是心理医生,不处理学生的心理障碍;班主任不是专职心理辅导教师,一般不对学生进行心理评估或心理测验;班主任是心理健康教育的一级预防员和心理健康教育的骨干力量,需要细心观察,发现学生的心理问题,并运用一定的心理辅导技巧加以引导,必要时把可能有较严重心理问题的学生转介给学校心理老师,一起协商应对的策略与方法。

一、　心理主题班会

在目前中小学课程体系中,主题班会是一门由班主任执教的重要德育课程,班主任可以利用班会课这个载体开展心理主题教育。有学者认为,"心理班会又可称为心理辅导班会或心理主题班会,是渗透心理健康教育理念、以心理健康为主要内容的班会课,教师运用团体辅导、心理剧和心理游戏等形式,重视学生在班会过程中的体验,并对体验进行概括、总结和分析,最终引导学生寻找解决问题的方法。"①也有学者认为,"心理班会课运用心理教育的理念和理论,在班会课中渗透心理学原理,发挥班主任以人为本的教育意识,运用团体辅导、角色扮演、心理剧、心理活动体验等心理教育的方法倾听学生心声,为学生排解心理困惑。"②从以上学者的观点可以看出,心理主题班会是运用班会课的课时安排,通过心理辅导的方法来解决学生共性的心理困惑。由于具有班主任执教,有课时保证,全体学生共同参与的特征,心理主题班会是开展班级心理辅导的主要形式。

主题班会要传递给学生正确的价值观,但不能采取灌输、强制的教育方式,心理辅导中的价值澄清就是一种好的教育方式。价值澄清是让学生通过选择、评价和行动的过程,反省自己的生活、目标、感情、需求和过去的经验,最终发现他们价值观是什么的历程。以下简要介绍一个价值澄清活动设计。

活动目的:探讨并澄清价值观,通过交流认清生活中最有价值的东西。

具体过程:先呈现问题情境。假设地球上发生核战争,人类将要灭亡。但是科学家发明了一个核保护装置,可以使 7 个人生存下来,但是现在有 10 个人。这 10 个人是:小学教师、怀孕的妇女、足球运动员、12 岁的小女孩、优秀的警察、

① 孙昊.心理班会课与学生健康成长[J].江苏教育,2018(48):37—38.
② 张君妹.心理班会课在初一新生行为习惯培养中的应用[J].中小学心理健康教育,2019(34):73—74.

著名作家、外科医生、年长的和尚、名演员、生病的老人。请你决定谁应该活下来（并前后排序），为什么？

生存选择人物的象征意义是：小学教师——知识，怀孕妇女——生命，足球运动员——运动，12 岁女孩——未来，优秀警察——秩序，著名作家——文化，外科医生——健康，年长的和尚——宗教，名演员——娱乐，生病的老人——道德。

班主任是学校心理健康教育的一级预防员，是心理健康教育的骨干力量。虽然班主任不是专职的心理辅导老师，没有系统接受过专业的心理理论及咨询的培训，但班主任与学生朝夕相处，能第一时间了解学生的思想动态和心理波动。作为班主任可以在以下几个方面通过开展主题班会或谈话给予学生心理支持，促进学生的发展，如：认识自我、悦纳自我、发展自尊与自信；避免厌学，改善学习方法，突破学习困境；学会表达与沟通，解决冲突；调适情绪，培养健康个性；重建积极行为方式，培养幸福感等。以下是宗利娟老师设计的一节关于同伴沟通的心理主题班会课教案。

【课题名称】戏说"沟通"

【教学目标】

1. 了解同伴交往中的沟通技巧

2. 评估自身的交往能力

3. 练习并运用同伴交往的沟通技巧

【教学重点】

1. 了解同伴交往的沟通技巧

2. 练习并运用同伴交往的沟通技巧

【教学难点】

练习并运用同伴交往的沟通技巧

【教学对象】

七年级学生

【教学过程】

一、导入——故事《天堂与地狱》

（活动意图：引出主题。）

1. 教师讲故事

故事内容：一天，上帝为天堂和地狱的人都准备了美味的粥，但是得用特制的勺子、筷子吃。勺子的把和筷子有一米来长。地狱的人一看到这么美味的粥，很是兴奋，拿起勺子喝粥，可是勺子太长，盛出的粥都撒在地上，一点也喝不到，最后桶里没粥了，大家饿了一天的肚子。

地狱里的一个人打听到天堂里的人都是互相喂着吃饭。于是第二天开饭时，这个人就对坐在对面的人说："来，你喂我吃。"对面的人听了，觉得莫名其妙，白了那人一眼，心想："自私鬼，凭什么要我喂你？"没等这个人开口大家已经开动了，最后还是没人喝到粥。

2. 教师提问：如果说第一次没吃到粥是因为他没想到相互帮助，那第二次这个人也没喝到粥是因为什么？（没说清楚，态度不好）

追问：你是否碰到过类似的情况，想和同学好好相处，但是总是有很多矛盾，事与愿违。你觉得我们同学在交往过程中应注意哪些方面呢？

二、我说你画

（活动意图：体验并总结有效沟通要素，包括准确表达、澄清确定（核对）、用心倾听、思考、双向沟通、态度友好真诚。）

1. "我说你画"第一轮游戏规则

邀请一位同学上台担任"传达者"，其余学生作为"倾听者"。

第一轮游戏规则：让传达者看图1，背对全体倾听者将看到的图形表述给他们，作为"倾听者"的同学在整个过程中只需根据指令作画，不许说话、提问。

（1）教师提问：（传达者）是否准确表达了自己看到的图形？预估下同学们画的结果，是否和自己看到的一样。

（2）统计绘画结果后，邀请传达者谈谈自己此刻的感受。

（3）请倾听者谈谈对于传达者的表述的看法，听到指令后，在画的时候内心有何感受。

2. "我说你画"第二轮游戏规则

让传达者看图2，面向倾听者表述看到的图形，允许倾听者不断提问。

（1）请传达者和倾听者谈自己的感受。你觉得这两轮游戏的过程和结果有什么不同？（个别回答）

（2）小组内讨论交流：通过这个游戏，你觉得良好的沟通交往需要注意哪些方面?

（表达清楚、核对（澄清确定）、用心倾听、换位思考、态度友好真诚、宽容）

3. 回想你与同学的交往沟通过程，评估自己在以上几个方面的得分情况。1—5 记分，1 表示很不好，5 代表很好。

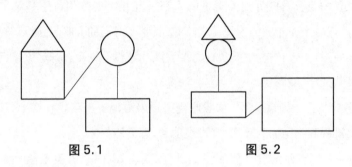

图 5.1　　　　　　　　图 5.2

三、友谊碰碰车

我们在与朋友的交往过程中，难免会有一些摩擦或遇到一些困难，这个时候该怎么办?

情景一：同学 A 因为急着上厕所，走得很急，墙角转弯时不小心碰到了同学 B，使得 B 同学很气愤，结果两人吵起来了。

情景二：某组长发作业时喜欢扔作业本，一次把同学 C 的作业本扔烂了，同学 C 很生气，吵了起来。

情景三：齐齐和多多是好朋友，今天齐齐邀请多多放学后一起去踢球，可是多多家住得很远，而且今天作业又很多，所以多多想了想还是拒绝了齐齐，可是齐齐很生气，两个人几天都没说话。

1. 小组讨论冲突发生的原因及解决办法。

2. 表演分享。

四、心心点灯

在与同学的交往中，不仅需要拥有一颗真诚的心，还需要有沟通的技巧来让别人感受到你的真诚。友谊需要用心去呵护、浇灌。

随时带着尊重他人的心，并学习用合适的方式来准确表达感受，促进了解。

我们说话的时间、场合、语气、音量、身体姿态等，都会影响沟通的效果!

【反思】

本节课围绕"同伴沟通"设计了四个环节,层层递进,环环相扣。先是通过"天堂与地狱"的故事导入,并由此让学生简单谈谈自己生活中的交往困惑,让学生初步感悟到沟通的重要性,引出问题,引发思考。与此同时也适时与学生的实际链接,让课堂落地。

围绕着问题开展"我说你画"活动,引导学生在心理游戏中观察、感受不同的沟通表达风格,结合着游戏过程分析影响沟通效果的原因,并进行自我评估。从认知上帮助学生了解沟通的技巧及重要性。然后再通过日常生活中遇到的真实情景,给学生机会运用所学进行演练。从行为上进行学习与练习。

所以本节课的设计一直围绕着学生的生活经验和心理需求,不仅停留在技巧的探讨层面,更希望学生在活动中通过体验与探究有所思、有所悟、有所习。

本节课的不足之处在于,学生在与朋友交往时会遇到各种各样的矛盾和问题,课堂设计中所涉及的是较为常见且简单的情境。在与同伴的交往中,学生会因各种复杂的原因而产生误会、矛盾、冲突,而且有的矛盾在课堂上讨论不一定能有好的效果,可能还会伤害到其他同学。比如有的同学被之前的好朋友排斥、孤立,双方在交往中都存在一些问题,这需要在课后结合学生的需求进行深入地个别辅导。此外本节课笼统地谈沟通技巧,学生只能粗略地了解在沟通中应注意哪些方面,但在践行这些技巧时可能还会碰到其他的问题与困惑。后续课程可以根据学生的情况再聚焦到某一方面,比如倾听、表达,这样辅导效果会更好。

【主题班会课设计时注意的问题】

一、主题设计依学情

主题班会是在班主任的组织和指导下,围绕一个专题,以班集体的智慧和力量为依托,以学生为主体,充分发挥班级中每个学生的积极性而开展的一种生动活泼的自我教育活动。心理主题班会与传统的班会课有所不同。传统的主题班会在培养学生文明行为习惯、道德素质、政治品质和开展班级管理等方面,一直发挥着重要的作用。而心理主题班会旨在给学生提供心理支持,可能是情绪调节、自我认识、自信心培养、人际交往、青春期困惑等方面。

班主任在主题设计时要依据学情,充分了解学生的心理发展特点以及学生普遍性的困惑或问题。这不仅保证了班会课的实效性,也能在情感上与学生链接,让学生有话可说,有话想说,帮助学生解决实际的问题与困惑,提供心理支持,真正促进学生的发展与成长。否则,脱离实际的主题,学生会觉得空洞无味,教学目标也将很难达成。

二、活动体验促成长

传统的主题班会形式单一,容易呈现包办模式,大多数情况下是班主任或班委在唱独角戏,学生只能被动地听,表达的兴趣、热情不高,主动参与不足。心理主题班会课在设计时要规避这种情况,要更注重学生的活动体验。活动构成了心理发生、发展的基础,人的心理品质也在活动和交往中形成。心理主题班会通过活动设计让每个学生在活动中感受和体验,在活动中接受训练和启示,在活动中得到领悟和发展。

因此在设计活动时,要确保每个同学都有机会参与体验。在形式上体现新颖性、时代性和趣味性,可以是观看视频短片、绘画、心理游戏、情景表演、角色扮演等;在制定规则时要考虑到学生的差异,整节课的形式可以有所变化调整,做到动静结合,尽可能地满足不同风格学生的需求。而且在活动中学生是整个身心都在进行学习,能满足学生五个自然学习系统——情绪、社会、认知、身体和反思系统的需要,能够增加学生的主动参与性,容易形成积极的体验,增强归属感,促进学生心理健康发展。

三、主体活动少又精

传统主题班会还有一种倾向是形式过于丰富,如一节班会课中有唱歌、表演、游戏、视频、讨论等,但内容过多,流于形式,学生思考、讨论、分享的时间较少,课堂上虽然热热闹闹,但很难在学生心里激起浪花。

在心理主题班会课设计时要层层递进,环环相扣,可以大致遵循:导入——主体活动——练习——总结升华。主体活动在于体验、探究,练习在于与现实链接,促进学习的迁移与反思。有时在设计主体活动时可能有 A、B、C 等多种选择,而且形式都新颖有趣,让人难以取舍。这时不妨转换角色,把自己设想为学生,哪个活动更贴合自己的生活、心境,哪个活动更能触动你,哪个活动能更有深度和内涵,作为学生的你可能更喜欢。如果还没有找到答案的话,不妨问问学生,听听他们的理由,再做选择。

四、引导分享助澄清

活动体验后的分享其实是班会课的重点,在活动过后请学生梳理在活动过程中的感受、想法、启示,在小组内或集体中交流、分享,锻炼自我表达,宣泄情绪,促进相互了解、支持与学习。

在此过程中如果学生的想法有些偏颇,作为班主任老师要先请学生澄清自己的观点,必要时再给予价值观的指导,不妄加论断。比如在同伴交往心理主题班会中,有的学生说不要在意别人的感受与想法,此时老师可以邀请他具体谈谈在什么情况下,自己有了这样的想法或者会这样做。学生可能会说比如当有个同学一而再再而三地冒犯你时,你也不要太在意他的感受,给他回击。当然也有的同学可能是有些自我中心,需要老师加以引导与指导。

(松江区小昆山学校　宗利娟)

二、 班级心理辅导活动

(一) 涵义

班级心理辅导除了运用班会课进行心理主题教育外,还可以开展班级心理辅导活动。班级心理辅导活动与心理主题班会相比,时间不一定要在班会课上,时长也不局限于一节课的时间,它更灵活机动。班级心理辅导活动是在教师引导下,以活动为载体,让学生在活动中感受、体验、思考、感悟而获得心理成长,促进健全人格和良好心理品质的课程。班级心理辅导活动是指以团体心理辅导及其相关理论和技术为指导,以解决学生成长中的问题为目标,以班级为单位开展的集体心理辅导活动,它是以班级为单位开展心理辅导活动的统称,如交朋友小组、心理游戏、心理拓展活动等。

(二) 注意事项

班级心理辅导活动是对学生情绪的唤醒,要注重学生的心理感受及心理体验,不是知识的传授,不刻意去阐述心理学名词概念。要深入浅出地帮助学生在活动中参与、体验、理解、感悟,自我认识,掌握自我调节的操作原理和方法。班级心理辅导活动强调学生的自我探索过程,强调学生的体验和感悟,强调学生之间心理的互助与支持。

设计活动方案时要注意活动内容与目标的一致性,设计活动情景去促进学生体验,了解学生实际从而提高活动内容的适切性。活动设计时还要明确实施的方法与过程,准备好合适的场所与材料,拟订详尽的实施程序。开展活动时,主持人要特别提醒过程中注意安全,做好万一发生意外事件的预案。对活动主持者来说,要注意场面的构成、时间控制、主题的把握、活动的推进,关注参与表现。

（三）效果评价

班级心理辅导活动效果可以从班级状况、学生个人状况、活动设计的质量和教师表现等方面去评价。从班级状况来看，如目标是否达成、班级凝聚力是否增强、班级气氛如何、学生对班级的满意度如何等；从学生个人状况来看，如对心理辅导活动的兴趣、自身心理状态的变化等；从活动设计的质量来看，如科学性如何、是否符合学生实际、学生是否欢迎等；从教师表现来看，如角色是否到位、情感是否投入、是否有创造性等。

（四）班级心理辅导活动举例

教育部《中小学心理健康教育指导纲要》明确心理健康教育包括自我认识辅导、学习心理辅导、人际交往辅导、情绪调适辅导、生涯辅导、生活和社会适应辅导。以下从这六个方面分别举例说明。

1. 认识自我

（1）交朋友小组。新组建班级时，可以通过交朋友小组活动，让同学们尽快熟悉起来。先把班级同学随机分为八至十人的小组。小组内每人用一句话介绍自己，包括姓名、个人特征。下一位同学介绍自己时必须从第一位同学开始。当有人记不起时，其他同学帮助他，最后一个同学介绍完毕，其他同学为他鼓掌。全部同学完成介绍后，每小组出一位代表向全班同学介绍全组同学（先自我介绍）。

（2）房间里的竞赛。主持人鼓励同学尽可能多与他人接触、互动。有三分钟的时间与他人进行闲谈和交流，收集他们的信息，并与他人共享你的信息。在这个竞赛里尽量让自己变成性格外向者。三分钟后，你才可以变回自己。三分钟后，我们会进行一场竞赛来回报你对破冰的贡献，你会有两个赢的机会。第一，记忆力比赛。环顾四周，看看房间里有多少人是能叫出名字的。用拍卖的方式进行，每个人都要报出自己能叫出名字的数字。找出喊出最高数字的人，进行记忆力比赛。要求"出价"最高者走动，走到他能喊出名字的人的身边，低声叫出名字（防止他人听到）。如果名字被叫对的，请站起来。假如"出价"最高者能准确完成他自己估计的数字时，他就获胜了。如果没有，请"出价"第二高的人继续同一程序。第二，被接纳度。假如你认为你的名字会被房间的人记得最多，请站起来。请大家开始依序写出他们的名字。主持人开始逐一宣布这些人的名字，请下面的人相互核对是否写对了。重复这个程序直至最后一个人。谁的名字被房间里的人写正确得最多,谁就是获胜者。

（3）我本丰富。高中学生正处于由"自我同一性混乱"走向"自我同一性整合"阶段,对自我会有重新探索,有些学生对自我的多样性易感到困惑,对负向的自我易排斥,本活动试图引导学生更深入地认识自己,悦纳自己。其目标是探索自我的多面性及复杂性,学会接纳自己,用积极视角看待自己。具体过程包括:

活动1:欣赏《我的三十二个脸孔》。其目的在于理解每个人自我的多面性及复杂性,学会接纳和理解他人的丰富性。首先,欣赏配乐多媒体课件《我的三十二个脸孔》(台湾绘本作家蔡银娟作品)。然后分享讨论:你认为作者是一个怎样的人? 你有怎样的感受? 假如这么多面孔、这么多性格的她在你身边,她对自我感到迷茫,你会给她怎样的建议? 之后,教师小结:"每个人的自我有其多面性及复杂性,学会接纳和理解他人的丰富性。"

活动2:我的多个脸孔。其目的在于探索自己的自我多面性及复杂性,学会接纳和理解自己的丰富性。活动规则是,首先描述自己的多个脸孔(4—5个),配图,描述时写上场合、自我的认识、自我体验。描述好多个脸孔后,可以写一写对自我的总体体验或困惑。之后进行交流与分享,分享自己的多个脸孔。最后进行教师总结:"'我'也可分为正向的我与负向的我。"

活动3:心灵对话。我们每个人的"我"有正向的我(引以为豪、成功的经历、优点、抱负等)或负向的我(不尽完美、卑微、痛苦、弱点、不足愧疚、尴尬等)。请根据你的描述看看哪些词是描述正向的我,在这些词或描述上打上星号,看看哪些词是描述负向的我。当想到正向或负向的我时,你的情绪分别是怎样的? 问问你自己(稍停,让学生去体验)。请学生分享。教师提问:"对于负向的我,有的同学也许会选择隐藏,你是自己的伯乐吗? 你有勇气面对另一个隐藏的自己吗? 隐藏的自己好比是那个灰暗的自己,怎样使灰暗的自己变得明亮起来,让我们带着这样的思考,一起看一个情景故事。"

活动4:你会怎样选择? 通过一个情景故事,请大家思考自己的选择。其目的在于学习换个角度看自己的弱点或不足。教师引导:灰暗的我也可以站在阳光下,用积极的眼光为自己上色。请学生完成两至三个"我虽然＿＿＿＿＿,但是我＿＿＿＿＿"的句子。之后全班交流分享。最后教师小结:"每个人的自我都是丰富的,愉快地欣赏自己,并不是说自己很完美,正因为不完美,所以更要努力完美自己! 以这句话与大家一起共勉。"

表 5.2　认识自我辅导方案

序号	单元主题	单元目标	活动过程	备注
1	描述自我	做到了解自己、关心别人;建立自信,探求自身的潜能。	1. 暖身活动:轻柔体操。 请学生排成两排,后排的同学为前排同学揉肩、敲背。然后互换位置,相互问好。 2. 主题活动:完成"二十问"并对结果做分析。(自我分析和小组分析,猜猜描述的是谁?) 3. 作业:写小文章或小诗。(标题:这就是我)	
2	悦纳自我	发掘自己及他人的正向特质;与他人分享自己的优点与长处;培养积极自我评价的习惯。	1. 主题活动:情景分析。(引导成员发现他人可能的优点,用积极的眼光为自己着色) 2. 主题活动:我有一颗赞美心。	
3	多维的我	了解理想的我与现实的我。	1. 暖身活动:我的三十二张脸孔。 2. 主题活动:多维的我。 (1) 个人作业。为每位组员预备三张白纸。首先请他们在第一张白纸上描述"理想的我",然后请他们将已写好的第一张白纸搁置一旁,暂时不准再观看。接着在第二张和第三张白纸上分别具体描述"别人眼中的我"和"现实中的我"。描述"别人眼中的我"时,可以请组员来写。 (2) 协同活动。对纸上的三个"我"作出检查,主要是看看三个"我"是否协调和谐。如果不和谐,则找出差异所在,并尝试找出原因所在。然后,请大家一同探讨,看看怎样可以使三个	准备若干张白纸

续　表

序号	单元主题	单元目标	活动过程	备注
			"我"更加协调一致。重点留意"理想的我"和"现实中的我"是否协调一致。 最后小组协商完善的途径与措施。	
4	人生水晶球	对"未来的我"的建构作出思考。	1. 冥想活动：人生水晶球。 传说中,水晶球可以让人看到未来,每个人对自己的未来都是充满好奇的。现在,让我们假设,在我们每个人面前就有一个这样的水晶球,让我们随着音乐,展开我们的想象,做一次生命之旅,来看看我们的未来,看看某年某月的某一天的"我"在干什么。 2. 主题活动："理想的我"的构建。 引导学生探讨如何做更好的自己。	

2. 学会学习

（1）解手链

活动目的：让学生体会解决团队问题的步骤,体会聆听在沟通中的重要性,增强团队的合作精神。形式为 10 人一组为最佳。时间为 20 分钟。具体过程是：首先主持人让每组成员站成一个向心圈。接下来,主持人说："先举起你的右手,握住对面那个人的手,再举起你的左手,握住另外一个人的手,现在你们面对一个错综复杂的问题,在不松开的情况下,想办法把这张乱网解开。"然后,告诉大家一定可以解开,但结果会有两种：一种是一个大圈,另外一种是两个套着的环。如果过程中实在解不开,老师可允许学生决定相邻两只手断开一次,但再次进行时必须马上封闭。可以在活动结束后,引导学生讨论：你在开始的感觉怎样,是否思路很混乱？当解开了一点以后,你的想法是否发生了变化？最后问题得到了解决,你是不是很开心？在这个过程中,你学到了什么？

（2）盲人走路

活动目的：通过亲身体验,体会信任与被信任的感觉。作为被牵引的一方,应全身心信赖对方,大胆遵照对方的指引行事；而作为牵引者,应对伙伴的安全负起全部的责任,对一举一动的指令均应保证准确、清楚。另外,万一指令有错,信任受到怀疑后很难重建。具体过程是两人一组(如 A 与 B),A 先闭上眼睛,将手交给 B,B 可以虚构任何地形或路线,口述注意事项指引 A 行进。如:"向前走……迈台阶……跨过一道小沟……向左手拐……"然后交换角色,B 闭眼,A 指引 B 走路。

3. 情绪调适

下面以《灿烂六月天——减压助考心理训练》为例说明班级如何开展考前心理辅导,来帮助学生缓解焦虑情绪,建立自信。

(1)活动目的:引导学生感悟成功的捷径,建立自己是自己命运的主宰者的基本信念,用积极的心态迎接挑战;掌握调节心态,缓解焦虑,增强自信,以及复习迎考的一些方法。

(2)设计依据:高三学生已走过 12 年的学习生涯,对于考试可谓是身经百战,但面临高考这一重大考试时,不少学生还是过于紧张、担忧。在 4 月初我们对高三学生开展的"你是一个能承受压力的人吗"的调查表明:51.2%的学生过于紧张、担忧(分数>35 分)。从理论上来看,考试情境是考试焦虑的诱发因素,越重要的考试(如高考),则越有较强的刺激作用,越易引发过度压力与紧张。基于以上两种原因,我们选择了减压助考这一主题。鉴于高三学生已通过心理辅导课、讲座等形式了解了一些心理学有关知识,因此,本次班级心理训练主要以活动、游戏为主,通过活动、游戏以及多媒体技术的合理运用,引导学生在轻松愉快中有所感悟、认识自我、提高自我、增强信心、迈向成功。

(3)活动准备:问卷调查,制作多媒体课件(如录音、音乐)。

(4)活动过程:

第一,热身活动:"大西瓜、小西瓜"。

活动意图:使学生疲惫的身心得到放松。

活动规则:当老师说"大西瓜"时,学生用手比划一个大西瓜,当老师说"小西瓜"时,学生用手比划一个小西瓜。然后教师说"大西瓜、小西瓜……"学生同时作出反应。在活动第二阶段,反其道而行之,如当教师说"大西瓜"时,学生用手比划一个小西瓜。

第二,活动 1:两指抬人。

教师邀请一位体重较重的学生参与活动。提问:"请他躺在桌上,让一些同学从桌面上抬起他,抬他的同学每人只能用两个指头,要多少人呢?"(有同学说要 100 个,也有的说要 60 到 70 人)教师:"到底要多少人? 试试就知道。"教师询问有哪些同学愿意上来试一试。邀请主动举手中的 12 人参加。教师与学生一起进行活动,并对参加活动的学生说自己以前主持过这一活动,只要 9 人即可。鼓励他们大胆完成同时提醒注意安全。12 人抬人成功,教师再引导将人数减少到 10 人,再到 9 人。教师询问抬人者、被抬者、旁观者的心理感受。学生交流和分享。

教师:原来看起来不可能的事情,你在真正去做了后,会发现是可能的,要取得成功关键有两点——好的心态,好的方法。

教师:高考要到了,大家想得最多的什么呢?(询问三位同学)

教师:同学们想得最多的是高考要怎样才能正常发挥或超常发挥,影响高考成绩的因素很多,它们各有多大的影响力呢?

第三,专家视点:各种因素在高考成功中的作用。

课件呈现有关资料。教师进行小结:"从中我们可以看到考试心态、学习方法对赢得成功的重要。"

第四,活动 2:认识你自己。

教师:离高考也就剩下 21 天,我们该怎样调节好心态呢? 我们不妨每天问自己这样四个问题。

导入活动:学生随着音乐在教师的引导下思索以下四个问题。(1)你高考的目标是什么?(2)你想获得成功吗? 你有把握取得成功吗?(3)你清楚自己所面临的问题吗?(4)如何解决面临的问题?

第五,他山之石:高考状元最后拼搏的一个月。

课件呈现有关资料,同时教师加以小结。

第六,扪心自问:我的情绪处于怎样的状态?

课件呈现十种情绪状态,请学生想想自己经常出现的是哪种情绪。

第七,心理博士信箱:压力状态与考试效率。

课件呈现有关资料,教师结合学生实际对过度压力加以说明,提醒我们要特别注意的是过度压力。

第八,活动 3:个人分析。

教师:你有多大信心就能获得多大成功! 我们需要挖掘自己的优势,让它增长我们的信心。引导学生活动,在纸上写下自己的优势。(播放背景音乐)请四位同学交流分享。

第九,活动4:这(那)是什么?

活动过程:教师提醒学生认真看、仔细听、用心记。教师边说边做动作,教师分别说:"这是蝴蝶"、"那是蜜蜂"、"那是蜻蜓",同时做相应的动作,分别表示"蝴蝶"、"蜜蜂"、"蜻蜓"。教师有意打乱词语与手势间的对应关系,如手中做"蝴蝶"的动作,口中问:"那是什么?"(学生会有不同答案)。教师进行提问:"为什么会有不同的结果呢?"学生进行交流。教师总结:"不同的聚焦会有不同的结果。"

活动结束后,教师引导学生反省自己的聚焦是积极的还是消极的。提醒学生进行积极的聚焦。聚焦的不同与每个人的内心对话是联系在一起的。

第十,活动5:积极与消极的自我对话。

教师先解释何谓积极与消极的自我对话,再引导学生分析自己的内心对话,看看有没有消极的自我对话,然后想想怎样把消极的对话转化为积极的对话。待学生交流、分享后,教师提供几种积极的自我对话。

第十一,头脑运动:怎样均分?

教师提问:"想想看怎样把图1空白部分两等分?"待学生回答后,依次问怎样把图2、图3、图4的空白部分三等分、四等分、六等分。教师引导思考:"为什么一个容易的问题在这一特定情景中有些难了呢? 这是因为思维定势的影响。"

教师解释思维定势和发散性思维,提醒学生在学习过程中要有一定量的训练,同时要深入理解,灵活解题,在生活中要避免钻死胡同。

第十二,他山之石:一位考生备考阶段的时间管理。

课件呈现有关资料,使学生从中受到启发。

附:问卷调查工具

> 亲爱的同学:
>
> 　你好!
>
> 　还记得你高考前参加的"灿烂六月天——减压助考"心理训练活动吗? 不知你对活动有什么想法? 为使我们的心理训练活动更好开展,特向你询问以下几个问题,你怎么想就怎么答。谢谢你的支持!(请将答案号

码填入括号中）

　　1. 你认为开展"减压助考"心理训练活动有无必要？（　　　）

　　（1）有必要　（2）无必要

　　2. 参加这次活动后，对于考前心理调适你得到的启发和帮助：（　　　）

　　（1）很多　（2）较多　（3）较少　（4）没有

　　3. 活动结束时，你当时的情绪是：（　　　）

　　（1）振奋的　（2）平静的　（3）烦恼的　（4）低落的　（5）其他：

_____

　　4. 你对训练活动的哪些环节较感兴趣？（可多选)(　　　）

　　（1）两指抬人　（2）认识你自己(随音乐思考四个问题) （3）高考状元王瀛的介绍　（4）心海漫步(压力与考试效率)　（5）个人 SWOT 分析（挖掘优势）　（6）……是什么？(蝴蝶、蜜蜂、蜻蜓)　（7）积极与消极的自我谈话　（8）头脑运动(均分问题与思维定势)　（9）时间馅饼(一位考生备考阶段的时间管理)　（10）配乐录音(你生来就是成功者)

　　5. 你认为本次活动从形式上来说：（　　　）

　　（1）新颖　（2）一般　（3）陈旧

　　6. 你认为本次活动从内容上来说：（　　　）

　　（1）充实同时有较大吸引　（2）充实同时有一些吸引力　（3）虽充实但无吸引力　（4）不充实同时无吸引力　（5）其他：_____

　　7. 你认为本次活动从活动时间来看：（　　　）

　　（1）不紧不松，较合适　（2）时间太紧，缺少了同学交流的时间

　　（3）时间太多，不紧凑

　　8. 你认为此类活动开展前，较好的宣传方式是(可多选)：（　　　）

　　（1）广播　（2）海报　（3）校日程　（4）班主任宣传、组织

　　9. 你认为本次活动的场所安排：（　　　）

　　（1）合适　（2）不合适

　　10. 为使"减压助考"心理训练活动更好开展，请提出你的建议或意见：_____

　　再次谢谢你的参与和支持！

4. 人际交往

班主任要了解班级的人际关系状况,可以用莫雷诺社会测量法。莫雷诺社会测量法是用来了解班级内社会结构模式,揭示班级及同学间人际关系状况的一种方法。首先要选择标准,如"请写出目前与你关系最好的三个人的姓名","如果明天去秋游,你最愿意与谁在一组","如果排座位,你最不愿意和谁在一组","你认为谁最合适当班长"等,这些问题要求明白易懂,最好有一定隐蔽性,这样才能反映真实状况。然后要确定可选择数目,一般不宜太多,依问题而定,一至三人为宜。收集资料后就可以进行社会图分析、社会矩阵分析、社会指数分析、统计分析和因素分析了。

如何开展班级同伴辅导,下面以《山不过来,我们过去》举例说明。(1)选择和确定活动主题。活动主题一般源于班级学生的心理需求或班级建设的需求,以及学生心理发展的需求,本次辅导主要源自学生心理发展需求,高中阶段是个体对同伴交往需求日益强烈的时期,很多研究发现高中学生的许多心理问题与人际交往有关。随着高中生自我意识、独立性和自尊心的增强,不少学生在渴望同伴交往的同时,仍普遍存在"心理闭锁性"。他们一方面需要别人了解自己,另一方面又不愿把内心世界向别人敞开,在与别人交往时被动、退缩,致使内心常感到孤独。为了帮助学生正确处理同伴关系,心理辅导应该从主动交往入手,进行有针对性的引导。(2)明晰活动目标、活动时长和地点。活动目标的表述宜具体明确,不宜过大,活动时长一般在40分钟左右,地点视活动需要选择,可以在班级教室或者空间更大的地方。本次活动的目标是:使学生感悟主动交往的重要性,培养同伴交往时的良好心态;引导学生理解有些同学难于主动交往的原因,寻找促进主动交往的方法。本次活动的时长是50分钟,地点在心理教室。(3)设计活动过程。在本次辅导活动中,我的设计出发点是在学校教育工作中也往往会强调同伴交往的主动性,但如果学生能亲自感受到这些,能获得一种直接经验,将能更好地内化为自身的行为。我从一些游戏活动中得到启发,把"松鼠搬家"这一活动进行了一些改造,使学生通过活动感悟主动交往的必要,再延伸到日常生活,通过"脑力激荡"这一环节,使学生从理性上进一步认识到主动交往的益处。然后通过"扪心自问"帮助学生了解自身的交往习惯,接下来通过"真心告白"和"身边的事"两个环节,结合日常生活,引导学生探寻难于主动交往的原因和学会主动交往的方法。然后,引入心理剧,启发学生从群体的角度进一步思考。最后,通过"非常故事"这一环节,点明、强化主题并激励学生做出新行为。(4)细化活动过程,写好活动的详案。本次辅导的活动过程如下:

环节1,热身活动:松鼠、樵夫。教师指导学生做游戏。操作程序是事先分组,三人一组。二人扮樵夫,面对对方,伸出双手搭成一个房子形状;一人扮松鼠,并蹲在房子中间;其他没成对的学员扮演流浪的小松鼠,也要参与活动。主持人喊"松鼠搬家",樵夫不动,扮演"松鼠"的人就必须离开原来的房子,重新选择其他的房子;主持人喊"樵夫砍柴",松鼠不动,扮演"樵夫"的人就必须离开原先的同伴重新组合成一个房子,松鼠寻找新的家。主持人喊"大森林着火了",扮演樵夫和松鼠的人全部打散并重新组合,扮演樵夫的人也可扮演松鼠,松鼠也可扮演樵夫。主持人随机地喊出某个指令,大家依据自己的角色完成相应的任务,每次活动中落单的同学,在下一个口令发出时,要继续参与到活动中,在每次口令完成后,请监督员同学记下落单或违反规则的同学的姓名,游戏活动结束后,被记录次数最多的同学当场或下次活动时表演节目。主持人根据总人数安排一到三位监督员。游戏结束后,教师引导学生交流、分享。话题是:"你有什么想法、感受呢? 如果下一次再做这个活动,你会如何更好地去完成它?"

环节2,脑力激荡:主动交往有哪些益处? 学生小组交流分享,全班交流分享。教师引导学生明确主动交往的益处是可以获得多方面信息;能够进一步完善自己;能为自己创造施展才能的机会;增进与人的沟通,增强社会适应力;满足归属和安全的需要,有利于身心健康,有助于成功。

环节3,扪心自问:你是一个有主动交往习惯的人吗? 学生做自我检测题,以了解自身的交往习惯。

环节4,真心告白:"不主动交往可能是……"学生先小组间交流分享。然后全班交流分享。教师概括同学的发言,并作分享:不主动交往可能是缺少自信,对主动交往有许多误解,缺乏人际交往的一些技巧。

环节5,身边的事。学生阅读材料,围绕"如何才能做到主动交往"这一话题,先小组交流分享,然后全班交流分享。教师概括,并与学生交流分享更好做到主动交往的方法,如:列出被动交往的不利之处和自己的感受;列出主动交往的有益之处,当你尝试过几次主动交往时,看看自己的感受是否变得更积极了;利用手机短信、书信、电话与同学沟通;你可以事先准备几个话题,在周末主动邀请同学来聊聊;如果同学愿意,你也可以去他们家串串门,但事先要电话预约,并掌握好时间;多参加集体活动;想一想能为他人做些什么,并付诸行动。

环节6,观看学生表演的心理剧《礼物》(视频)。之后,教师组织全班交流分享观看视频的感受。

环节7,非常故事。教师讲述一个简短而富有哲理的故事(故事名称《山不过来,我们过去》),点明主题并激励学生的新行为。

5. 升学择业

升学择业辅导主要是为学生做好选课指导、升学指导和生涯规划等方面的辅导。高中生辅导目标是通过为学生营造一个真诚、尊重和温暖的团体氛围,引导他们搜集并表达出自己所了解的职业以及该职业对人力资源的要求;帮助学生思考自己的兴趣、爱好、能力以及对未来职业的定位;通过和小组其他成员的沟通、探讨,使学生认识自己、了解自己,从而自我接纳,促进成长;帮助学生脚踏实地,放眼未来,着眼目前,为实现理想职业做好准备。

关于升学择业,要基于:(1)艾里克森的发展理论,青年期面临的主要问题是形成自我同一性。同一性混乱具体表现为自我认识不全面、不客观、自我目标不明确,自我与环境适应不良,由此导致了自我认识偏差、生涯规划不明等一系列迷失性的问题。(2)职业的匹配理论,要考虑人和职业要求相匹配,如霍兰德的理论。(3)人的潜能以及潜能的作用。潜能在一个人的学习和工作中起着重要的作用,人类社会的每个人都有不同的潜力,我们必须要了解自己。如果对自己的潜能知之甚少,就有可能在就业选择上误受潮流影响,或一味追求时髦,或好高骛远,选择了与自己并不适合的职业,从而导致生涯之路艰难曲折。了解自己的潜能,并与兴趣相结合,才能在职业选择中作出令自己满意的决策,才能事半功倍,顺利踏上事业成功之路。

设计方案分四步走:(1)评估自我。引导学生依据自我和他人的评价,借助职业兴趣测试、职业能力测试、性格气质测试,加上自我探索和多方面的分析,从而对自己的职业兴趣、职业类型、职业能力有较正确认知。(2)确定目标。引导学生从自身个性特征、职业社会需求、家庭社会环境等因素综合考虑,确定自己职业发展的总体目标及短期、中期目标。(3)制定规划。根据定位的职位制定发展规划,第一个平台怎样搭,台阶怎样上,需要补充哪些知识与提升哪些能力,应该在多长时间实现目标,以后,第二个平台、第三个平台……依次进行探讨、确定。(4)反馈修订。引导学生在实施具体计划的过程中,针对社会环境及自身情况的变化,及时调整奋斗目标及其实施措施。帮助高三学生根据定位的职位(也就是未来职场切入点)、社会背景、家庭背景等因素选择大学报考的专业三到五个。

6. 生活与社会适应

生活与社会适应辅导主要是帮助学生适应生活、社会的变化而开展的团体辅导活动。其主题的选择要充分考虑,适时进行。比如,在新班级组建时,为了让同学尽快熟悉,彼此接纳,可以开展适应新班级为主题的班级心理辅导活动。下面以《非常名片》的班级心理辅导为例,说明如何开展这类活动。第一步,热身活动。如生日接龙,把全班同学按学号的奇数、偶数分为两队,请同学们按出生的日子(不包括年份)在不能用口头或书面语言交流的情况下按从小到大顺序排队,根据完成时间和出错次数排序决定胜负。第二步,主题活动:我的名片。教师呈现自己的非常名片。然后让学生制作自己的非常名片。名片的内容包括个性特征、喜欢的三件事、不喜欢的三件事、最希望给人留下的印象、最喜欢的一句话、理想的大学、其他项目。第三步,活动2:寻找名片的主人。活动规则为教师把名片随机打乱,再下发,让学生寻找名片的主人,找到名片主人后,有时间的话与他或她交谈几分钟,把名片主人的名字写在反面。第四步,交流与分享。请同学说说活动的感受(话题:你是怎样找到对方的? 寻找及找到后的心情、想法怎样),最后教师简要小结。

第三节　学校心理育人

有学者认为:"心理育人是指育人者立足于人身心发展的实际,根据人身心发展的规律和特点,采用灵活多样的方式,有目的有计划地对受育者进行积极的心理引导,开发其潜能、完善其人格、提升其效能感、养成其积极心理品质,以达到培养新时代所要求的有理想、有能力、有担当的中国特色社会主义建设者和接班人之目的的教育实践活动。"[1]心理育人是立德树人的重要方面,它是一种全

---

① 贾林祥.心理育人的内涵、机制与实施路径[J].陕西行政学院学报,2019,33(03):112—116.

员参与、全过程开展、全方位进行的育人活动,体现的是积极心理学理念,面向的是全体学生,关注的是学生潜能开发和人格健全。在中小学,心理育人可以通过学科心理渗透、心理研究型课程学习和教师心理健康维护来实现。

一、 学科渗透心育

教育部《中小学心理健康教育指导纲要(2012 年修订)》(教基一[2012]15 号)明确提出:"全体教师都应自觉地在各学科教学中遵循心理健康教育的规律,将适合学生特点的心理健康教育内容有机渗透到日常教育教学活动中。要注重发挥教师人格魅力和为人师表的作用,建立起民主、平等、相互尊重的师生关系。"

学科渗透心育是指学科教学过程中,教师结合学科特点和相关教学内容,针对班级学生的特点,有目的、有计划、有机地渗透心理健康教育。学科渗透心育是学校开展心理健康教育的重要途径之一,是培养学生积极心理品质和健康心理的有效渠道,也是学校心理育人的主要渠道。那么,如何开展"学科渗透心育"呢?

(一)加强学科渗透心育的师资队伍建设。首先,打造一支学科渗透心育的骨干教师。骨干教师通常要经过学校心理健康教育的专业培训,掌握学校心理健康教育的基本知识与技能,才能更好开展相关工作。我校的学科渗透心育的师资队伍主要以持有国家心理咨询证书或上海市学校心理咨询证书(中级)或参加过相关培训的专兼职心理教师为骨干。其次,要加强全体教师学科渗透心育的意识与自觉性。学校可以通过讲座或宣传、研讨等方式,加强学科教师渗透心育的意识与自觉性。再次,提升教师的学科渗透心育的能力。学科渗透心育的能力的提升是通过尝试与实践逐步提升的,教研组、备课组需要在教研活动中,有意识地引导教师结合教学内容渗透心育,发挥学科教学在心理健康教育中的价值。

(二)制定学校的学科渗透心育的整体计划和各学科的学科渗透心育的计划。学校的学科渗透心育的整体计划是学科渗透心育的长期的、整体的框架规划,其目的是通过一段时间的学科教学渗透心育,使学生某几个方面的心理品质得到提升。学校学科渗透心育的整体计划,不是把各学科渗透心育计划简单累加,而是有目的地将学校心理健康教育有关内容尽可能分解和融入到各学科教学之中,落实到学科,落实到学科教师教学工作之中,落实到课堂教学之中。学校可以请学科渗透心育的骨干教师、心理老师、教研组长共同参与学校的学科渗透心育的整体计划制定工作中。整体计划制定之后,各学科教研组按照各学科教学内容与心育内容相近的原则,并结合学生年龄特征及存在的具体问题,细化安排学科渗透教育内容,并形成各学科渗透心育的具体计划。

(三)把握学科渗透心育的内容,开展学科渗透心育的活动。社会学科类课程,如语文、英语、历史、政治,注重学生社会认知能力、自信心、珍惜生命、感恩情怀、团队协作、社会环境适应、生涯指导等方面内容的渗透。如,我校政治组在高一、高二年级教学中,围绕学科育人价值研究,探讨落实学科育人价值的教学策略,让政治学科真正担负起培养学生理性思维,塑造理性公民和理想人格的育人功能。自然学科类课程,如数学、物理、化学要注重学习动机与学习品质、学习行为习惯、逻辑思维和发散思维、创造力和潜力开发等内容的渗透。如我校物理组在教学活动中,根据教材内容设计学生探索实验,争取人人动手,进行自行分析、处理数据、得出结论。实践证明由学生探索而主动获得的知识印象是深刻的,更重要的是学生同时提高了实验能力和思维能力,感悟了科学结论的形成过程。艺术与体育类课程要注重情绪调节、意志力、耐挫力、合作能力、团队凝聚力、人际交往等内容的渗透。如,我校体育组结合教学内容,通过体育游戏、体育竞赛提升学生的合作能力、意志力及应对挫折能力。

二、 心理研究型课程学习

心理研究型课程学习是学生汲取心理营养,获得心理支持的重要来源,它也是学校三类课程,即基础型课程、拓展型课程和研究型课程之一。学生在研究心理课题的过程中,不仅能培养他们对自身和身边同学心理问题的敏感和关注,还能学会一些观察、描述、解释、预测、干预人的心理和行为的方法。有的同学对心理学的兴趣就是由此而来,有的同学后来甚至把心理学作为了自己的大学专业。学生在心理课题的研究过程中,能加深对一些心理现象的理解,帮助自己与他人的心理成长。

指导教师在学生研究型课程学习中,从课题的选择、课题开题、课体结题报告的撰写等环节都需给予学生悉心指导,引导学生在研究性学习中增进合作意识、锻炼解决问题的能力。指导教师可以通过组织课题开题论证、课题研究中期汇报、课题成果的交流与分享、课题成果展示等注重参与和分享的活动,发挥心理研究性学习的心理支持功能。

三、 教师心理健康维护

教育部《中小学心理健康教育指导纲要（2012 年修订）》（教基一［2012］15号）提出"各级教育行政部门和学校要关心教师的工作、学习和生活，从实际出发，采取切实可行的措施，减轻教师的精神紧张和心理压力。要把教师心理健康教育作为教师教育和教师专业发展的重要方面，为教师学习心理健康教育知识提供必要的条件，使他们学会心理调适，增强应对能力，有效地提高其心理健康水平和开展心理健康教育的能力。"维护教师心理健康，既是学校教育的需要，也是保障学生获得健康心理支持的需要。

（一）通过教师团体心理辅导，加强教师文化建设

"文化"概念兼有"物质"与"精神"、"有形"与"无形"、"静态"与"动态"等多重属性。学校在长期的教育实践和与各种环境要素的互动过程中创造和积淀下来并为其成员认同和共同遵循的信念、价值、态度、期望、故事、轶事等价值观念体系，制度、程序、仪式、准则、纪律、气氛、教与学的行为方式等行为规范体系，以及学校布局、校园环境、校舍建设、设施设备、符号、标志物等物质风貌体系构成了学校的组织文化体系。教师文化是教师在教育教学活动中形成与发展起来的价值观念和行为方式，它主要包括教师的职业意识、角色认同、教育理念、行为作风、思维方式、生活信念、价值取向及情绪的反应等。教师文化是学校组织文化体系的重要组成部分。

传统的加强教师文化建设，主要是通过在职教育进行，这种教育大多采用听报告、写论文等方式进行。当前教师在职教育中普遍存在着培训内容与学习需求不适应，培训方式与学习特点相脱离，以培训者为中心，忽视教师主体性的严重弊端。这种以单向性知识传授方式为特征的教师继续教育，往往难以介入教师的实际经验，既不能适应他们的学习需求，也不能有效创建教师文化。

团体心理辅导是从国外和港台地区引入的一种心理辅导方式。它的主要理论基础是团体动力学。团体动力学认为，团体具有吸引各个成员的内聚力，这种凝聚来自于成员们对团体内部建立起来的一定的规范和价值的遵从，它强有力地把个体的动机需求与团体目标联结在一起，使得团体行为深深地影响个体的行为，团体同时也就有了个体所没有的特征。从学校的组织文化角度可以看出，团体心理辅导在教师文化建设中具有非常重要的价值。它的主要价值有：塑造

团队精神,建立成功团队;强化教师之间、部门之间、学校领导和教师以及师生之间的有效沟通;提升教师的责任心;激发教师主动地迎接挑战的积极态度。

团体心理辅导主要强调体验活动,教师团体心理辅导一改过去听报告等传统的师训模式,教师在团体心理辅导过程中通过体验活动带来认知的收获。平时难懂的、难理解的、难表达的……在体验中都变得不是问题了。在工作中最难的是什么? 是站在别人的角度考虑问题。既然体验活动可以变换角色,且可以使个体身临其境,就会很容易换位思考。如果教师在艰难中摸索自己的职业道路,但你了解了自己,目标、方向就会明确,道路也就不会那么曲折了。借助团体心理辅导的自我认识的探索,很容易使人找到正确的方向。另外,体验活动能带给教师互相欣赏。在团体心理辅导的体验中,当你终于放下架子、偏见,去真诚地赞美别人、欣赏别人,你会突然发现别人也会报之以李。然后,你觉得一切都美好起来,意识到被别人赞美与赞美别人同样愉快。当你带着各种困惑参加各种特殊的团体心理辅导,你同时会发现原来有许多教师也有与我一样的问题。大家一起活动,相互支持,问题很容易就解决了。这就是教师团体心理辅导的魅力。

教师文化不仅仅属于校园文化,教师是一个完整的生命个体,教师文化是教师生命的一部分。校外的教师生活会涌现出教师文化的活力,而且也会将这种活力带进校园。教师的团体心理辅导可以采用户外体验式拓展训练,户外体验式拓展训练是一种现代人和现代组织全新的学习方法和训练方式。它以培养合作意识与进取精神为宗旨,利用崇山峻岭、瀚海大川等自然环境,运用独特的情景设计,通过创意独特的专业户外项目体验,帮助学校激发成员的潜力,增强团队活力、创造力和凝聚力,以达到提升团队生产力的目的。

教师团体心理辅导有助于改善教师的心理健康状况,而且也有助于教师群体组织建设。开展团体心理辅导,也会有助于教师文化建设。

(二) 组织教师心理辅导技能培训

对全体教师而言,需要掌握心理辅导的基本知识与基本技能,只有这样,才能维护自身心理健康,提高教育学生的实效性,避免对学生产生师源性心理伤害。教师需要认识学生身心发展的一般规律和特点;了解学生适应不良和常见心理问题的特点和表现,明白发展性学校心理健康教育的理念和定位,理解不同心理辅导方法和技术的原理,掌握学科渗透心理辅导方法和原理,理解学生常见心理问题的规律,对常见心理问题进行有效的心理辅导。上海市教育委员会印发的《上海市中小学教师专业(专项)能力提升计划》通知(沪教委人〔2017〕23号)明确提出要提高教师育德能力以及本体性知识、作业命题、实验、信息技术、心理辅导等方面的专业(专项)能力,其中心理辅导能力是"能遵循心理健康教育的规律,具有把适合学生特点的心理健康教育内容渗透到日常教育教学活动中的能力,了解学生心理适应不良的表现和性质,并掌握心理辅导的基本方法和技巧"。

教师心理辅导技能培训可以是本校心理老师主讲,也可以邀请心理专家进行,可以面向全体教师,也可以是面向班主任的培训。形式上可以是以讲座为主,也可以是以团体辅导活动为主。培训的主题可以围绕以下几方面:学生常见心理问题的识别与预防、心理危机预防与处置、心理辅导基本方法与技巧、学生情绪问题与辅导、学生人际交往困惑与辅导、学生网络沉迷的辅导等。教师心理辅导技能培训的主题来源于有关文件的要求,另一方面,需考虑每个学校学生的状况和教师的需求,以帮助教师借用心理辅导的视角和方法解决一些学生成长中的心理困惑。

(三) 组织有益于身心的活动,促进心理健康

学校可以通过工会,组织丰富多彩的活动,给教师舒缓身心的时空,增进教师的心理健康。如,组织生动活泼的文体类活动,教师在这类活动中,可以增进彼此的交往,缓解压力,调节情绪,同时增强教师团体的凝聚力;也可以是组织阅读分享会,教师是一个特殊的群体,有的教师遇到心理困扰,有时不愿意求助于人,喜欢向书本自我求助,教师也是一个高知群体,可以通过阅读与分享等方式来改善自身心理状况;还可以请医疗机构到学校给教师提供心理咨询活动,给有需要的教师提供服务;学校还可以通过心理健康知识竞赛、展板等形式多样的方式宣传维护心理健康的知识,营造关爱心理健康的氛围。

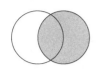

第六章　合作支持实务

　　学生的心理支持除学校心理支持外,其所在的家庭、社区以及各种组织机构(如医院)都是很重要的心理支持来源。家庭是儿童的第一所学校,父母是孩子的第一任老师。人的社会化离不开心理的社会化,心理健康的人一定是一个适应环境的人,街道、社区(村)有关指导机构,如社会工作指导站、家庭教育指导机构是学生心理支持不可或缺的组成。医疗机构是维护人心理健康的重要支撑机构。因此,构建学校、家庭、社会、医疗机构四位一体的学生心理健康合作支持体系是非常必要的。

第一节　合作支持的主要内容

一、家校合作

　　指向心理支持的家校合作有其自身专项的内容。家是避风的港湾,不是坏情绪的垃圾桶。有研究表明,家庭氛围、亲子关系、家庭活动、教养方式等是影响孩子心理健康的重要因素,因此,家庭要成为孩子获得生态环境支持、人际关系支持、亲子活动支持、生涯成长支持的坚强后盾。为孩子撑起心理安全的保护伞,当然也离不开学校的家庭教育指导,有时在心理咨询中也离不开家庭的参与与配合。只有这样,才能构筑起孩子心理合作支持的坚强堡垒。

(一)生态环境支持

　　家庭教育是学校教育和社会教育的基础,家庭建设是家庭教育的重要保障。全国妇联、教育部等九部门发布的《全国家庭教育指导大纲(修订)》提出:"家庭要倡导尊老爱幼、夫妻和睦、勤俭持家、亲子平等、邻里团结的家庭美德,创建民主、文明、和睦、稳定的家庭关系。家庭成员要共同构建优秀家庭文化、传承良好家风,为儿童健康成长营造和谐的家庭环境。"

生态环境支持包括家庭的软环境和硬环境建设,硬环境就是家庭物质环境,光线充足、安静、无噪音的房间,整洁的书桌,软硬、高低舒适的椅子都是硬环境的组成部分,如孩子写作业就需要一个安静、优雅的环境,最好有一个属于孩子完成作业的"小天地"。当然,不同年龄孩子需要的硬环境是有差异的,小学生抗干扰能力较差,需要安静、不被打扰的环境,中学生可逐步培养孩子抗干扰能力,但他们也需要独立、较私密的空间。软环境就是当孩子写作业时,父母不要在同一个房间看电视,也不要坐在孩子旁边玩手机、刷微信,家长最好做自己的工作,或者在旁边看看书。还有,传承良好家风,建设"最美家庭"更是软环境建设的重中之重。

(二) 人际关系支持

人际关系支持就是要倡导文明、和谐、平等、关爱的家庭价值观,建立良好的夫妻、亲子、邻里关系,妥善解决家庭内部矛盾,为孩子树立建设人际关系的典范。全国妇联、教育部等九部门发布的《全国家庭教育指导大纲(修订)》提出:"家庭是人生的第一所学校,家长是孩子的第一任老师,家庭生活中父母对儿童的教育和影响,对其良好行为习惯、思想品德、价值观的形成,健全人格培养等都具有基础性作用。"在亲子关系中,亲子沟通非常重要。家长有时是由于沟通的知识、方法掌握不够,或者情绪冲动的缘故导致亲子关系紧张,特别是青春期的孩子遇到更年期的父母,亲子冲突更加严重。亲子沟通需要家长与孩子的共同努力。

请阅读这段耐人寻味的对话,思考一下妈妈和孩子各自的心理需求是什么。

妈妈:我们也不要求你一定要考到多少名,只要你努力了……(言外之意,批评孩子没有尽力)

男孩:你们读高中时成绩还不如我,凭什么我就得考高分,我的进化能力没那么强!(你说我不努力,我觉得我基因不好)

妈妈:我们没考上大学,才这么辛苦赚钱,才能付得起你一小时几百元的补课费。(现身说法,苦肉计)

男孩:学习就不辛苦吗?从一睁眼到睡觉,什么也不让你干,你在教室坐12个小时试试!(比苦,现身说法)

妈妈:学习是辛苦的,但你现在除了专心学习,什么都不用做。我上学时家里穷,放学得先去打筐草,才能回家做作业……(忆苦思甜)

男孩：我还羡慕你们有自由，学习之外能做其他事情呢！那时条件差都差，现在条件好都好，你要在我们班，也许成绩还不如我呢！（苦就是甜，挑战）

妈妈：小区卖菜那家的小明，人家总在班级前五呢！（攀比别人家的孩子）

男孩：你觉得他好，你去给他当妈呀！（直接转让）。

妈妈耐着性子，苦口婆心的劝说中满是焦虑和期待，孩子激动地表达自己的委屈、不满，类似的对话在初高中生家庭中并不陌生。

这种看似攻击父母的潜意识语言是：我渴望你的理解，渴望你看到我的付出和努力，我不想用愤怒把你推开，我做出这个样子，是想引起你们的注意。如果他真正想推开父母，就会不理睬父母，他不在乎父母说什么，直接切断与父母的交流，不与父母说话。攻击，是想保持与父母的亲密关系。这种情绪背后的心灵呼喊，是在渴望被关注。很多同学在同学、老师面前，往往是礼貌的，是尊重的，是友好的，是温和的。只有在熟悉亲密的人面前，才会放任自己说出心里话，释放心中不快。他攻击的人，是他认为最安全的对象——家人。但如果过分地表达，对彼此的关系有着极大的杀伤力。那我们该如何恰当地与家人沟通呢？

1. 将问题具体化、明确化，聚焦分歧，解决分歧。有同学往往会说，和父母之所以有冲突，是因为代沟、不理解。由于两代人的经历不同，对有些事情的看法、态度、甚至价值观上会存在差异，这是实情，当我们只是简单地归于"代沟"，而不去做出努力时，"代沟"一词可能成为我们不负责任的托词。代沟是一个很不具体化的内容陈述，它将冲突泛化，从而让人产生无力感或不知所措，我们需进一步明确具体在哪一点上双方存在分歧，聚焦问题，与家人一起化解问题，而不是回避问题。如开始提到的妈妈与儿子的对话，我们会发现，他们彼此之间，谈话是跳跃的，从一个主题跳到另一个主题，谈话并没有深入进行，如果是高质量的谈话，需要双方就发现的分歧进行讨论，如妈妈认为孩子不努力，孩子认为自己很努力，进行深入的对话，明白双方的标准，协商双方认可的标准，这样这个分歧才能彻底解决。

2. 不断澄清自己的需求和了解家人的需求。你的要求背后最深的需求究竟是什么，有哪些指标能够显示该需求的满足程度？在与家人沟通时，你最在意的是什么？你可能最在意家庭沟通的氛围，那相对而言，衡量沟通氛围好坏的标准是什么？有可能是沟通时心平气和，也可能是对方不再表现得那么严肃。你可能在意沟通时的平等感受,在意自己的意见是否被采纳,是否被倾听;你可能在意对方的投入程度,真实地关心谈话内容,简洁、重点、明了;你可能还关心谈话的广度,不愿意谈话只是被学习垄断。我们需要不断澄清自己的内心需求,并以恰当的方式表达,让家人清晰我们的内心需求,同时也需要了解家人的需求。父母或其他家人的内心需求是什么? 大家有没有想过这个问题? 家人希望得到孩子的倾听、理解、尊重,希望走近孩子,这可能是家人最普遍的需求,彼此了解,你会发现,你和家人的内心需求其实会有很大的相似性。

3. 改变接招套路。在日积月累中,我们与父母练就了一整套互动模式,我们对这套模式由熟悉到自动化,对方出一招"责备",我们条件反射地来一招"反驳",然后,对方再来一招"愤怒",接着我们回一招"漠视"……如若你想改变互动过程,改变你的接招方式是最快捷有效的。对方"责备"时,你不是"反驳"而是换一招"冷静"(认真倾听,再说自己的想法),这时对方发现原有的"愤怒"这招不管用了,他(她)也会作出相应的改变,真正的沟通就可能由此开始。

4. 建立一种情感上的互相喜欢,挖掘你欣赏对方的特点和你值得对方欣赏的特点。因缘,结为父母与孩子关系,除了法律和道德上的义务和责任,我们还需建立情感上的相互喜欢,那是一种确定对方喜欢自己的主观感受。你的父母身上有什么特点是你欣赏的? 有没有向对方表达呢? 建议:记住"爱"要说出来。

在亲子沟通中,孩子可能会遇到一些不合理的对待,比如:被打、被责骂、被谩骂。如:你到底是怎么回事? 我简直不相信你会这样不负责任。还可能会遭受威胁、命令、讽刺挖苦、比较:别人家的孩子怎么不像你这样。控诉:我这么拼命的工作,给你提供所需的一切,这就是你对我的报答吗? 还可能有预言:像你这样,以后肯定没出息! 需明确这些言行是不准确的,需要保持对自己的自信,对自己的喜欢,肯定自己的价值。放下这些,不念过往,不畏未来! 同学们为构建良好的亲子关系,可以从以下四方面努力:(1)努力创造高质量的对话;(2)承担一定的家务活动,如洗碗,拖地;(3)与家人一起愉快完成某些活动,如看望老人;(4)表达对家人的感激。可以采用说、写或画的方式,表达对家人的谢意及感恩。

(三) 亲子活动支持

家庭教育是家长和儿童共同成长的过程。全国妇联、教育部等九部门发布的《全国家庭教育指导大纲（修订）》提出："家长要学会优化家庭生活，为儿童提供健康向上、丰富多彩的活动。"美好的家庭生活是孩子重要的心理支持和家庭归属感来源。家长要将对子女的要求融入生活之中，提高生活能力，提升生活品位，让孩子在丰富、高质量的生活中享受幸福的童年，学会为人处事的道理。儿童心理的发展离不开丰富多彩的活动，在亲子活动中可以体验到家庭的温馨，情感的交流，人际的互动和问题的解决，这些都是重要的心理支持。

（四）教养方式支持

全国妇联、教育部等九部门发布的《全国家庭教育指导大纲（修订）》提出："家长素质是影响家庭教育的重要因素，家长应当努力做到举止文明、情趣健康、敬业进取、言行一致、好学善思，自觉践行社会主义核心价值观，以健康的思想、良好的品行教育影响儿童。"家长应注意言传与身教的结合，严格要求与积极关爱的结合。从孩子的立场出发，结合生活以及孩子的困惑，通过指导、规范、辨析、实践等方式，促进孩子的健康成长。

心理学家认为，根据对子女是否关爱和是否管教两个维度，可以把家长的教养方式分为溺爱型、冷漠型、专制型和权威型等不同类型。关爱是指家长对孩子接受的程度以及对孩子需求的敏感程度；管教是家长对孩子的行为建立适当标准，并督促孩子去达到这些标准。只有权威型的家长能恰当地处理好关爱与管教的关系，他们对孩子态度积极肯定，要求具体明确，能尊重孩子意见，对于孩子的不良行为会严格地进行说服教育，对于孩子的良好行为会从内心里给予支持与肯定。

二、 校社协作

除家校合作外，要建立政府主导、学校落实、社会力量参与、相关部门通力配合的心理健康服务体系。学校要积极协调社会资源，提供丰富的设施和条件，为心理拓展活动创造条件，为学生的健康安全营造良好的环境。社区要发挥在学生心理支持中的重要作用，指导家长科学地关注孩子的心理健康，要建造适合青少年儿童活动的场所或设施，让学生利用节假日及寒暑假开展丰富多彩的活动。政府要加强对报刊、影视、出版、网络等媒体的监管，社区要禁止不健康的网络游戏和出版物的传播，防止不利于青少年儿童健康成长的文化产品对学生产生不良影响,优化孩子成长的心理环境。

有研究表明:"目前的社区缺乏提供青少年心理健康教育服务,以关爱青少年身心健康为目标的社区项目发展相对滞后,往往借助一些学校或医院的力量来咨询教育,而志愿者的专业水平有限,难以获得社会的认同,其效果不尽人意。"①教育部《中小学心理健康教育指导纲要(2012年修订)》指出:"充分利用校外教育资源开展心理健康教育。学校要加强与基层群众性自治组织、企事业单位、社会团体、公共文化机构、街道社区以及青少年校外活动场所等的联系和合作,组织开展各种有益于中小学生身心健康的文体娱乐活动和心理素质拓展活动,拓宽心理健康教育的途径。"学校要充分依托社区心理咨询机构等社会专业机构的力量,为广大中小学生提供心理辅导、预防、干预等专业支持,提高心理服务的质量。学校可以利用校外教育资源开展心理健康教育,同时也可以利用学校心理健康教育资源服务社区,发挥学校心理健康教育的辐射作用。如2016年5月,我校就与上海市妇联合作举办了"青春期女孩家长成长工作坊",我校有39个家庭参与了该项活动,整个团体心理辅导活动分三次,每次两个半小时。我校有七位老师作为小组带领者,参与到整个活动中。之后,我校这七位老师还随项目组到松江一中、上师大附外、西南位育等学校开展了此项活动。

有学者认为,"构建心理健康服务体系实质是给未成年人心理健康服务提供强大的社会支持。这种支持是以社区为依托,搭建服务平台,主要由社区心理服务人员在精神医师和心理健康教育与咨询专家的指导下完成,在家庭、学校、社区与正规医院、社会组织团体之间起着纽带作用,形成广泛的心理健康服务网络,保障各种未成年人的心理健康需要都能获得满足。"②一般而言,目前心理健康教育的服务机制是由基层学校的心理老师做好学生咨询服务工作,如果遇到疑难个案就由心理辅导老师或班主任推荐学生到市、区精神卫生中心或医院心理科进行心理咨询。市、区精神卫生中心根据专业评估,对需要进一步专业评估或心理治疗的人员转介到医院心理科。经由医院心理科诊治的学生,需要心理咨询进一步跟进的,由基层学校心理老师继续提供心理支持。另外,还可以开展一些医教结合项目。

---

①② 何进军. 未成年人心理健康的家庭、学校与社区公共服务运行机制构建[J]. 荆楚理工学院学报,2012,27(11):12—17.

第二节 家庭教育指导

从家校合作的方式来看,家庭教育指导和有家长共同参与的家庭心理治疗都是合作支持的好方式。家庭教育指导是指相关机构和人员为提高家长教育子女能力而提供的专业性支持服务和引导。家庭心理治疗可以由学校咨询师开展,也可以转介到专业机构进行。本节主要介绍家庭教育指导。

一、如何开展家庭教育指导

(一)做好家庭教育的调研工作

家庭教育调研的目的主要是为了提高家庭教育指导工作的针对性和实效性,使家庭教育指导工作有的放矢。我校曾对家长进行过关于家庭教育现状和对家庭教育指导的期望调查,调查目的是为了进一步加强家校沟通,让学校能更好地了解家庭教育的现状情况,同时获得家长对学校开展家庭教育指导的宝贵建议,家校协力,给学生提供心理支持。调查问卷题目涉及家庭的主要教养方式、亲子关系、家庭氛围、家长与孩子的沟通方式、家长期望的家庭指导方式、家长期望的家庭指导内容、家长对家庭教育指导的建议等方面,问卷中"您对学校开展家庭教育指导有哪些建议"一题为简答题,其他题目均是选择题,以方便家长作答。

(二)做好家庭教育指导的顶层设计

学校德育处在调研的基础上,由学校德育处分管家庭教育的教师邀请学校分管德育的校级领导和学校的班主任骨干、学校心理辅导老师、家长代表及外请家庭教育的专家,根据学校的实际情况,充分考虑学生特点和家长的需要,制定家庭教育指导每学期的具体计划,并充分考虑不同年级学生的特点,采用各年级有重点,但又层层递进的策略,制定清晰的家庭教育指导计划,推进学校家庭教育指导工作的有序进行。

(三)采用多种方式,开展家庭教育指导

学校可以外请专家,或通过心理教师、德育处主任主讲的方式,为家长举办心理健康教育讲座,如,如何帮助孩子调整心态,做孩子心灵成长的伴随者,如何应对孩子对电子产品的迷恋;通过发放家庭教育小报、宣传资料,帮助家长了解

和掌握孩子成长的特点、规律以及教育方法;通过家长委员会、家访、与家长约谈等多种途径,了解、反馈学生的心理状况,协助家长或监护人共同解决孩子在发展过程中的心理行为问题;通过邀请家长参与学校心理健康教育活动,充分调动家长对孩子心理健康的关注,掌握维护孩子心理健康的方法;通过家庭教育经验分享,帮助家长了解其他家长的经验,发挥家长的同伴教育的力量;通过学校心理咨询师约请家长,开展对家长的家庭教育个别指导;通过开展家长成长工作坊,以小组辅导方式,开展以适应、亲子沟通、考前情绪管理等主题的家长成长工作坊,帮助有困惑的家长,更新教育理念,提升教育技能。

(四) 反馈与总结,推进家庭教育指导的深入进行

通过活动后的无记名问卷调查,以了解家长对某次家庭教育指导活动的感受及建议;通过部分家长的座谈会,了解家长对学校家庭教育指导工作开展的意见及建议;通过部分学生的问卷调查或座谈会,了解学生对家庭教育的感受。通过对已开展的家庭教育指导工作的反馈与总结,反思工作,吸取经验教训,修订家庭教育指导工作计划,改善家庭指导的工作方式与内容。

二、 家庭教育指导的几点思考

(一) 充分理解家长,激发家长的成长动力

我常说的一句话是:"家长也是第一次做家长,如何教育孩子需要不断学习。"家长在教育孩子过程中,因为受到自己的原生家庭的教养方式的影响,可能会在对待孩子问题上出现偏差,比如,有的家长可能由于自己的父母对自己是非常严厉的,常常是棍棒教育,在对待孩子时,也会不知不觉沿袭这种方式,当孩子进入青春期后,这种方式,可能会造成孩子与父母的对抗,严重影响亲子关系;也有的家长可能会走向另一个极端,对孩子过于溺爱,在孩子小时候就缺乏管理,等到孩子进入青春期后,孩子成为"巨婴",过于依赖家长,生活自理能力和学习的自控性发展落后于同龄孩子,影响孩子的成长。在开展家庭教育指导中,我们需要看到有些家长之所以出现家庭教育方式不良的原因,理解家长的做法,看到家长的付出,使家长看到自己可以改善的空间,激发家长成为有智慧的家长的动力。

(二) 引导家长读懂孩子,采用适宜的教育方式

孩子在不同的年龄阶段,其年龄发展的心理特点是不同的,在孩子幼年和童

年期,家庭教育可以偏重于管理与教导,而随着孩子长大,孩子独立愿望增强,家长需要学会适当慢慢放手,家庭教育偏重于引导与陪伴。孩子在不同时候,心理需求也是不同的,家长需要更多体察孩子的感受,与孩子共频。比如,孩子在抗击新冠病毒疫情期间,网课学习因为情绪问题和自律性差,学习效率很低,跟不上教学进度,复学后的摸底考试多门学科成绩如预先估计那样不理想,但有一门基础好的学科,却考得很不错,当孩子与妈妈说起这门学科的时候,孩子内心是有些小小的开心的,有的妈妈可能这样回应:"这门课是考得不错,但是你不要骄傲,你们年级的最高分是多少?"孩子答:"135 分(满分是 150 分)。"妈妈:"你看她比你多了十几分,你想想看,可以怎样赶上她?"孩子不悦地说:"我不想赶上她。"妈妈急了:"你怎么这样没有上进心!"然后妈妈情绪激动,开展一通批评教育,但事后妈妈发现孩子根本就没听。在这段谈话中,妈妈的教育之所以很难有效,与妈妈没有考虑到孩子的心理需求有关,孩子多门学科考得不好,就这门课考得好,孩子希望这时得到妈妈的肯定与鼓励,而不是打击与批评。家长在与孩子沟通时,需要考虑孩子的心理需求,适时进行。对于处于青春期的孩子,家长宜多倾听,鼓励孩子表达情绪与想法,尊重孩子的想法,选择合适的时机与方式加以引导。

家长与孩子沟通时,需要关注孩子的状态,如果孩子状态不对,家长与孩子谈话时就要更加慎重。网络上曾报道说,2019 年 7 月 17 日发生悲剧,卢浦大桥上,一名 17 岁男孩突然跑下车后迅速跳桥,紧跟着的一名女子因没能抓住他而跪地痛哭……据说是孩子白天在学校和同学发生矛盾遭到批评,母亲载他回家的路上还在责备少年。悲剧的发生使人备感痛心,引发家长反思和学习如何避免此类事件发生,母亲的责备也许是压垮孩子的最后一根稻草。当孩子状态不好时,忌责备,可以安抚情绪,陪伴(坐在孩子的身边,拥抱孩子,递上纸巾,让孩子大哭一场,而不是说"不许哭"),让孩子感受到家长的接纳和爱。

(三)引导家长维护自身的心理健康,营造良好的家庭氛围

当孩子进入青春期,因为生理的发育成熟,心理也会有些变化,情绪的两极性特别明显,独立意识增强,父母的权威性受到极大挑战,季节的变换,高考的临近,以及各种生活事件(如考试失败,被老师或家长批评,家庭冲突),孩子的情绪更容易处于不稳定状态。

每年的四到六月份,随着高考临进,我作为高中心理老师在学校咨询室接触到的考前焦虑的案例就会增多,而考前过度焦虑的学生背后往往有一个焦虑的家长,有的家长嘴中会说,我对孩子的高考不会抱太高期望,不会给孩子太大压力的,但家长的表情或行为,总是写满了紧张,让孩子倍感不安。有些父母在孩子面临高考前夕,自身的焦虑会被激活甚至放大,这类自身的焦虑可能源于家长自身没有处理好的情结,如名校情结、自卑情结等;或者来自于家庭或工作带来的焦虑,如职业发展的转折期、夫妻关系危机等,从而将这部分焦虑投射在孩子身上,这种焦虑情绪的投射反应本身对孩子是一种压力,而非支持。作为家长要觉察自己的情绪,区分出属于自己的焦虑,管理好它,保持情绪稳定。情绪是会相互感染的,关系越紧密,感染力越强,在一个家庭系统内部,更是如此。当家长觉察到自己的焦虑后,接着,需要有意识地做出改变的尝试,做一些关注自身情绪调节的事情,比如转移自己对考试事件的注意力,不要一天到晚只关注孩子的学习或成绩,多做自己喜欢的事情,充实自身;学习自我放松技巧,如正念练习。当然,在自身调节仍不能起效的情况下,心理咨询是有效途径之一。

但凡焦虑的父母,不是不负责任,而是过度负责,负责过度了,界限就不清晰了,学习和考试本身是孩子自己要经历和面对的事情,总想替孩子发力,反而体会到无力。世间万物就是这样,每个人都有属于自己的责任要承担,代替发力短期看来在帮助,长远可能是一种责任剥夺。把属于孩子的责任交还给他自己,是更有效的发力。家长可以做什么?(1)多沟通,少唠叨,关注孩子的情绪,主动化解矛盾。有这样一个家庭,儿子与父亲一直冷战有三个月,一直不说话,可想而知,家庭气氛会压抑,父亲可以尝试主动与孩子说话,如"一起吃饭吧",但这样的话,最好早说,不要等待临考前的晚上,以免引起孩子的情绪波动。(2)关照好孩子的生活。如孩子回来,等待他的是热乎乎的晚饭,一家人在一起聊轻松的话题。有的父母就是只关注学习,学得怎样,考试考多少分,孩子平时不在家的时候接触的就是题啊,考试啊,分数啊,不希望一回到家里脑子里还是充斥着这些东西,这感觉真的不好,孩子可能就不说话了。(3)给孩子属于自己的时间和空间。晚饭后,在孩子学习的时候,有的父母会不时进去,送杯牛奶,端盘水果。孩子可能会有怎样的感受?烦,是打搅或者是不信任自己,假借送水果之名看自己是不是在玩手机。家长暂时不要送,就当他不在家。学习告一个段落时,一起吃。家长也尽量不要看电视,如果要看电视,电视音量要尽量小。家长需要有意识营造一个有利于孩子学习的家庭环境,让家成为孩子温暖的港湾。

第三节　结构家庭治疗

结构家庭治疗已被引入我国心理咨询与治疗的实践领域。结构家庭治疗强调家庭结构对家庭关系的影响，对于问题与其解决都偏好聚焦于背景而不是个体。

有学者认为，结构家庭治疗的主要论题是个体的症状只有在家庭交互作用的模式背景中才能得到最好的理解，家庭组织或者结构的改变必须发生在症状减轻之前，治疗师在改变症状所植根的结构或背景中必须担当一个指导性的领导角色。[①] 该理论认为，家庭有其内在的组织或结构；家庭结构通过其子系统之内和之间的相互作用，产生稳定的维持和调节作用；这些子系统之间则是由界限来区分的。因此，在结构家庭治疗中有三个关键性的概念，即结构、子系统和界限。

结构：指家庭内的相互作用模式、规则及权威的分配。家庭结构是一组隐形的功能需求或规则，整合家庭成员彼此互动的方式，此模式可以预测行为的反复出现的系列，可以涉及两名或更多的家庭成员。家庭结构也包含着使家庭成员学会互相适应的内部规则，当家庭面临新的问题但却未能产生相应的必要的内部规则时，就会出现家庭功能障碍。家庭结构也即在家庭内进行权威分配，从而形成一个等级组织。

子系统：以一定方式建立起来的角色与功能的亚系统。子系统可以是明显的群集，如"父母"或"孩子"，也可以形成潜在的联盟，如父亲和子女形成联盟而排除母亲等。

界限：家庭中亚系统之间的界限。界限掌控家庭成员彼此间接触的性质和频率。在功能良好的家庭中，某些子系统的界限是十分清晰的，但仍具有充分的可变性，以便适当地输出进入其他子系统。如婚姻的界限使丈夫和妻子能有时间离开孩子相处，但仍可有效地实现父母的功能。

结构家庭理论强调家庭系统的整体性、家庭层级组织的影响和家庭子系统的相互依存功能对家庭个体成员的决定性影响，结构家庭治疗把改变功能失调

[①] Irene Goldenberg, Herbert Goldenberg. 家庭治疗概论[M]. 李正云, 等, 译. 陕西师范大学出版社, 2005.

家庭中的组织作为他们的主要目标。他们认为常见的家庭病态结构主要有：(1)纠缠与疏离，即家庭系统中各个子系统之间边界模糊进一步导致家庭角色错位、家庭责任不明、家庭权力混乱，从而引发家庭成员问题。(2)联合对抗，即家庭成员彼此之间结党营私，相互攻击对抗，这是造成家庭问题乃至家庭破裂的主要原因。(3)倒三角，即家庭权力分配的错位，如子女支配父母等。

一、 结构家庭治疗概述

(一) 治疗目标

结构家庭治疗把重点放在家庭的组织、关系、角色与权力的执行等结构上，使用各式各样的具体方法来纠正家庭结构上的问题，促进家庭功能的改善，主要关注六个方面：家庭结构，家庭功能要有灵活性和改变的可能性，家庭成员的亲疏远近，家庭的生活环境，家庭所处的发展阶段，家庭成员围绕症状的交往模式。结构家庭治疗的目标是帮助家庭改变其刻板的交互模式，重新定义其关系，从而帮助成员更好地应对他们生活中的应激(Colapinto，2000)。

(二) 治疗步骤

一般可分为三步：(1)进入。结构家庭治疗的核心是把握家庭的结构，因此有必要进入家庭的现实环境，但家庭尤其是问题家庭的进入往往并不容易，治疗者应注意接纳家庭的规则与习惯，不应急于改变家庭的潜在规则；注意了解家庭的交往过程和内在关系，了解家庭的实质，进入家庭的问题核心。在被接纳后，通过观察家庭成员之间的交往、互动过程，了解家庭结构的基本情况，包括家庭成员之间的边界、当前成员所扮演的角色、权力的分工等。(2)评估。评估的目的在于通过搜集分析资料，对家庭的结构混乱以及功能失调状况做出评判，是进一步介入的前提。评估的内容大致包括：家庭结构是否合理，即家庭内部是否存在边界、角色是否明确、权力分工是否合理等；家庭系统的支持程度，即家庭成员是否互相了解、关心与支持；家庭成员的问题与家庭结构之间的关联，即问题是如何形成的等。(3)介入。介入是对家庭的实际治疗过程，这是最关键的一步。一般来说，介入治疗的目标有两个：首先，改变家庭观念，让家庭成员意识到家庭问题的出现并不是单个成员自身的问题，而是由不良的家庭结构造成的，并主动承诺改变；其次，改善家庭结构，包括协助建立一定的边界，明确各自的角色，构架合理的权力等。

(三) 主要治疗技术

结构家庭治疗主要围绕形成清楚的家庭成员的界限、改变结盟关系、重新分配权力等方面展开。主要有:(1)加入。它是治疗者为了做诊断及促成改变而与家庭联结的动作,主要通过与个别家庭成员的接触进行。对于家庭及其个别成员来说,有些方式可被接纳,有些会被抗拒,而且任何形式的"加入"不可避免地会干扰家庭本来的生活,家庭自然会对这个"外来者"的"加入"所造成的干扰小心检视、抗拒、结合和反应。治疗者加入时也可根据接触个别成员时所引起的情绪感受,形成对整个家庭的情感图像。所以,治疗者可借助"加入"发现系统的秘密以及经历,觉察家庭在处理"外来者"(治疗者)时的惯有模式。"加入"还可以用来作为处理的技术,通过使用一些不同规则,搅动家庭原有的规则来看这个家庭是如何回应的。但对治疗者来说,如果治疗者不带着一些"企图",这反而会使得治疗者被"同化"了,即治疗者在不知不觉中顺从了家庭病态的过程及结构。(2)演出。"演出"是指治疗者将外在的家庭冲突带入治疗情境的一种表演,使家人"示范"他们是如何处理的。治疗者据此可计划调整他们的互动和促使结构改变的方法。(3)模仿。"模仿"是指通过模仿家人的举止、态度、风格、情绪表达的广度或沟通的内容来介入家庭的过程,以巩固与家庭的治疗结盟。治疗者可说出自己的经验或模仿某成员的行为,这常可以达到增强与家庭的关系以及建立信任的效果。(4)重新框架。重新框架是改变事件或情境的最初意义,将它放在一个新的情境中,对发生的事情重新贴标签,以便提供一个更具建设性的观点,从而改变看待这个事件或情境的方式。当我们把事件的情境改变和从新的互动视角来看待事件时,我们会看到事件的不同意义。所以,治疗者必须要向家庭提供关于他们行为的更为复杂的图像,使他们能用更正向的视角来重新框架他们的行为。

二、 结构家庭治疗与中国传统家庭文化

结构家庭治疗将焦点放在一个家庭里成员间的关系是否有合适的角色与地位扮演,是否有上下适合的等级,彼此是否能沟通,是否可以相互支持与配合,关注维持一个家庭的结构。中国传统家庭较容易接受这些观念,所以该疗法较适合中国的家庭心理治疗。在中国这样一个具有历史悠久和深厚家庭传统的国家里,尤其在社会急剧变化的时期,家庭结构和成员关系极不稳定,结构家庭治疗

对于修正与完善稳定和功能完整的家庭,无论对家庭成员、社区乃至全社会都具有重要的意义。因此,结构家庭治疗具有较广阔的应用前景。[①]

任何西方的心理咨询理论运用于中国实践,都有一个文化融合的问题。一方面,来源于西方的理论应该具有和中国传统文化相契合之处才可能将该理论运用于中国实践,另一方面,应分析该西方理论与中国传统文化相冲突之处才可能合理、科学地运用该理论。结构家庭治疗是源于西方文化背景的,它的运用本身就需要考虑家庭文化传统,因此中国传统家庭文化是制约结构家庭治疗应用前景的关键因素。

(一) 结构家庭治疗与中国传统家庭文化的契合之处

1. 强调家庭

中国文化历来重视家庭。儒家认为人应该"修身、齐家、治国、平天下"。这一思想不仅成为中国人社会化过程中通向"圣贤人格"的一条途径,而且还成为衡量个体"品性"的客观标准。同时,儒家还设定了"君君臣臣"的伦理要求,以至于所有一切人与人的关系,都须放在家的体系中。在旧日所谓五伦中,君臣、父子、夫妇、兄弟、朋友,家伦已占其三。实际上,直至今天,这种模式仍对中国人具有特殊影响。中国家庭在中国社会的地位非常特殊,家庭生活仍是中国人第一重要的社会生活,这种客观现实为以家庭作为关注与改变焦点的结构家庭治疗提供了良好的"温床"。

2. 强调家庭成员之间的相互依赖

中国传统盛行的是大家庭观念、以社会为本位的观念。对传统的中国人而言,家庭先于、高于、重于个人。为了家庭、集团与社会的生存、利益和光荣,个人是可以忽略的。我不是独立的我,而是家庭中的我、社会中的我。换言之,传统中国人的一切都以家庭为本,伦理纲常是以家庭为中心,风俗习惯是以家庭为出发点。中国传统文化强调家庭,强调个体与家庭的联结,强调家庭成员要相互支持、相互帮助、相互依赖。由于家庭成员构成了一个紧密依赖的共同体,因此,某个家庭成员的行为和情绪会在其他家庭成员身上引起相应的反应。反过来,这些家庭成员的行为和情绪反应又会影响到那个家庭成员的行为和情绪。这一点与结构家庭治疗对家庭成员相互作用的强调是一致的。结构家庭治疗理论同其

---

① 安民兵.结构家庭治疗法在青少年社会工作中的应用[J].山西青年管理干部学院学报,2006,19(3):14—15.

他家庭治疗理论一样强调家庭是一个整体，是一个开放系统。在这个系统中，家庭成员不断地相互作用，相互之间不断产生影响。某个家庭成员出现问题，并不是他个人的问题，而是家庭成员之间的互动模式、交往方式出现了问题。

3. 遵从权威

中国文化强调权威，传统的中国家庭注重长辈与权威，因此当家庭冲突出现时，往往会请家族中德高望重的长辈或当权人物来作评判，而评判的标准也是以家庭而非个人利益为重的。这一点与西方家庭系统完全不同。而结构家庭治疗理论强调在介入家庭的时候，必须首先认识到家庭规则和家庭中居于领导地位的人，即要重视家庭中的权威人物，否则的话，治疗者介入家庭的过程不仅会是一个相当缓慢的过程，而且还会遇到很多人为设置的阻力。另外，中国家庭对权威的遵从，为结构家庭治疗师在改变症状所植根的结构或背景中必须发挥指导性的领导角色提供了适宜的土壤。

4. 重视等级

中国文化重视家庭的等级，而家庭成员处于这个等级的不同位置，有不同的责任和权利。传统家庭伦理强调父慈子孝、父为子纲，兄友弟悌、长尊幼卑，夫义妇顺、夫为妻纲等，强调家庭成员的等级与结构，而结构家庭治疗也把家庭看作是一个有等级的结构。结构家庭治疗理论认为家庭中出现的某些问题是由于家庭的等级出现混乱而引起的，强调一个家庭要正常运转，就要尽力避免出现家庭成员角色混乱的现象。在一个家庭中，每个人都扮演一定的角色，都要发挥自己与角色相应的作用和功能。而角色混乱破坏了家庭正常运转的基础，容易使家庭出现某些问题，如在某些家庭成员之间形成三角关系，尤其是（外）祖父母与孩子之间容易出现这种三角关系。对于这样的问题，在治疗的时候就是要形成家庭清楚的等级，形成家庭成员之间，以及家庭系统之间清楚的界线，使家庭成员能够各尽其能，各施其职。

（二）结构家庭治疗与中国传统家庭文化的冲突之处

由于中国传统家庭文化的特殊性，也可能对结构家庭治疗带来一些困难。中国传统家庭文化与结构家庭治疗相冲突之处主要有：

1. 重视亲子关系，忽视夫妻关系

中国文化相当重视亲子关系，较为忽视夫妻关系。亲子关系在家庭中的地位有时远远超过夫妻关系。一旦有了孩子，夫妻关系便会让位于亲子关系。夫

妻之间很少再有单独一起培养夫妻关系、增进夫妻感情的时间和空间。正如有研究者(桑标,2000)提出的父母意识概念,他认为母性意识可归结为 13 个因子,其中自我丧失感与亲子一体感是母性意识中最重要的两个因子;父性意识可归结为 9 个因子,其中接纳感与责任感排在首位①。结构家庭治疗强调夫妻关系的重要性,认为夫妻关系是家庭正常运转的基础,也是建立强有力父母同盟的基础。没有良好的夫妻关系,家庭就不可能正常运转,也就不可能有强有力的父母同盟的出现,那么就会出现夫妻间的争吵和在对待孩子时的不一致。

2. 强调家庭的、社会的平和,尽量使家庭处于一个稳定的状态

它的直接结果就是导致很多家庭存在掩饰问题、回避问题的心态。中国是一个讲究关系的社会,中国人非常重人情、讲面子。面子问题关系到他人的评价,而评价的好坏又会影响关系的保持,因此即使是一些个人的不足之处(非见不得人的事),也绝不能让"外人"知道。这种心理反映到家庭,就会出现"家丑不可外扬"的情况,反映在治疗中表现为较强的防御心理②。

结构家庭治疗与中国传统家庭文化既有契合之处也有相冲突之处,因此将结构家庭治疗运用于中国家庭心理治疗时应注意以下几方面:

1. 小心面对家庭中的权威。在我国,多存在着"大男子主义"的作风,进行婚姻和亲子关系的家庭治疗时,治疗者必须时时注意尊重父亲、丈夫等男人的特殊地位与尊严,注意尊敬家长权威,以期获得家长的支持,使全家参与治疗的工作能继续下去。虽然治疗者的任务之一是辅助弱者,帮助子女能比较自由民主地表达其想法,从而让他们的上辈能听取采纳,但在我国强调上下级的文化背景中,必须注意维护上辈的尊严,不要让下辈过分批评甚至指责上辈,更不能使整个家庭上下关系倒转。在咨询刚开始时,要对家庭中的权威人物,特别是男性、长者给予充分的尊重,应该让他们感觉到自己是被尊重的,并争取他们的配合。由于他们是家中的权威人物,他们对于整个家庭的影响是非常大的,因此如果他们不配合,整个治疗过程是很难进行下去的,甚至有的家庭可能会中途退出。③

2. 小心处理家庭秘密。家庭治疗中要注重表现正性的一面,回避过分暴露负性的一面。毕竟家庭是一个整体,彼此挖苦与批评,不仅不能培养增加家人的

---

① 桑标. 当代儿童发展心理学[M]. 上海教育出版社,2003.
② 梁志秀,孙丹,王岩,吴向丽. 关于家庭治疗本土化的思考[J]. 太原师范学院学报,2006,5(5): 60—62.
③ 李颜苗. 中西方不同的家庭文化观与家庭心理治疗的应用[J]. 中国临床康复,2005,9(48).

感情,反而容易破坏关系。当然要面对问题,但切忌过分地挖丑。与家丑有所不同的是家庭中由于沟通较少或怕家人反对不敢表达意见,或有些是特别保密的家事,这样就有了"家庭秘密"的问题,如孩子是领养的。在家庭治疗过程中,有时会牵扯出这些"家庭秘密",如何去处理家庭秘密,如何帮助家人相互沟通、谅解、接受事实,特别需要小心谨慎。

3. 重建家庭结构时要充分考虑中国家庭文化的多样性。中国家庭具有多样化,每个家庭因为所处阶层、职业、受教育程度、地域等不同,文化的混合形态不同,各种文化混合的比例也不同。如一个没有受过多少西方文化影响的农村家庭,家庭观念中会以传统文化为主。而一个深受西方文化影响的城市家庭,则可能比较推崇西方家庭文化,不同类型的家庭在面临一些人生课题时的观念也会有很大差异,例如关于幸福婚姻、和谐夫妻关系的假设。在推崇西方文化的家庭中,婚姻内的个人满足感和自由发展被当作婚姻成功的最重要标准。在这一点上夫妻是平等的,夫妻双方都要为对方营造发展的空间。因此,如果个人不能被满足,选择解除婚姻,夫妻双方甚至子女都很容易接受和理解,离婚无论对夫妻双方还是子女,伤害都可以减小到最低。而在中国传统家庭中,子女的幸福、家庭的完整比婚姻内的个人满足更重要,个人与家庭是互相依赖的,没有家,个人就没有了意义,尤其是女性多持有这样的观点,在家庭取向下,只强调自我满足是不能接受的自私。在重建家庭结构时需要治疗师考虑求助家庭的文化背景去分析处理他们的问题,发挥他们的长处和优势,与求助家庭一起探讨彼此能接受和做到的介入目标。

4. 善于利用结构家庭治疗师的指导性的领导角色。家庭结构治疗注重在与来访者建立了良好关系的基础上,善于利用治疗师在改变症状所植根的结构或背景中的指导性的领导角色。治疗师需要善于运用同感、尊重、真诚等基本条件与家庭建立起具有治疗功能的咨询关系,促发当事人独立思考,挖掘自身的潜能;同时,治疗师还要熟练地运用结构治疗的各种技巧,较快地发现问题的症结,并通过提问委婉地传达新的观点和信息,促使家庭整个系统和某些结构发生改变。

总之,结构家庭治疗从结构观点出发,致力于分析、调整家庭结构以达到心理治疗的目的,为心理治疗开辟出了一个新的视角,为治疗者有效解决人们在现实生活中所遇到的困扰提供了更多可选择的方法。中国传统家庭文化为结构家庭治疗理论与技术在中国的应用提供了发展的契机和基础。结构家庭治疗进一步发扬了中国传统文化中的人文精神和家庭本位思想,二者的有机结合将为结构家庭治疗在我国开拓一个新的应用领域。

第七章　危机与灾难中的心理支持

当人处于危机或灾难情境下，心灵非常脆弱，特别渴求获得心理支持。如果此时有强大的支持系统，对于缓解焦虑、度过危机是非常有必要的。另外，危机与灾难中的心理支持有其特殊的伦理要求，这一点也是我们需要注意的地方。

第一节　危机干预中的心理支持

一、危机与危机干预

危机（crisis）在希腊语中，是"决定或转换点"的意思，汉语也有"危险和机遇"，有如"凤凰涅槃"、"破茧成蝶"的意思。危机可以从很多视角来理解：从认识的视角来理解，危机是因为个体知道自己无法对某种境遇做出反应；从状态的视角来理解，危机是当人们面对重要生活目标，使用常规方法不能解决阻碍时产生的一种状态；从感受与体验的视角来理解，危机是人因遭受重要生活目标的挫折或应对方法受到严重破坏时所产生的害怕、震惊和悲伤的感觉，也就是说危机并不是破坏本身，而是这种感觉。有的学者甚至认为危机就是一些困难和境遇，因为这些困难和境遇使得人们无能为力。总之，危机是一种认识，当事人认为某一事件或境遇是个人资源和应付机制所无法解决的困难，危机也是该困难和境遇所导致的认知、情感、行为方面的功能失调。

学生的危机可能是发展性的，如考试不及格、新生入学不适应；可能是境遇性的，如交通意外、突然的疾病、天灾人祸等；可能是存在性的，基于现实或后悔，伴随重要的人生问题而出现的内部冲突和焦虑。危机具有危险与机遇并存，缺乏快速解决方法的复杂特征。危机是一个动态的过程，首先会出现一个关键的境遇，随着紧张和混乱程度的增加，境遇逐渐会超越个人的应付能力，然后需要解决这个问题的额外资源，最后可能需要求助，获得外部支持才能解决。危机过后,其可能性有:当事人不仅顺利度过危机,而且学会了处理困境的新方法;危机虽然度过,却留下了一块疤痕,影响了其今后的社会适应;未能度过危机,陷入神经症或精神疾病,甚至自杀。

一般而言,危机是可以预防的,也需要进行预警。当危机出现时,需要采取措施来干预或改善危机状况,以防止伤害自己或周围的人们,这就需要进行危机干预。危机干预与一般的心理咨询不同,它是一个短程的心理帮助过程,也叫情绪急救,是对处于困境或遭受挫折的人予以关怀和帮助的一种方式。因此,危机干预有其独特的目标与价值,危机干预是帮助当事人有效应对当前的处境,并不处理以前的创伤和心理困扰,其具体目标是帮助当事人解决危机,恢复心理功能和平衡,重新掌握社会和心理适应能力。因此,既要在心理上帮助解决危机,使其功能水平至少恢复到危机前的水平,也要提高其心理适应与健康水平。

二、 危机干预的基本技术

(一) 危机评估方法

梅耶(Myer)和威廉姆斯(Williams)提出了一个三维检查与评估系统,即从认知、情感、行为三维对危机进行检查评估,开发了分类评估量表(the Triages Assessment Form,TAF)。该检查评估系统认为可以从当事人的背景和个人历史,与危机前功能的比较和目前的生活情境,如是否处于感情受挫之中,来检查评估当事人的危机。我国学者徐凯文也曾制定自杀自伤评估表,主要从自杀、自伤计划,既往相关自杀、自伤经历,目前现实压力,目前支持资源,临床诊断等方面进行评估。在笔者看来,这个评估表与三维检查评估系统相比,看到了目前支持资源在危机中的积极作用。当处于危机困境中的人有支持资源时,他的危险性相对就减轻了许多。

作为班主任老师,也可用更为简单的方法来评估班级可能发生的危机状况,如班级是否会发生攻击性行为,就可以从有没有明确的受害同学,攻击他的动机是什么,用什么方法,有没有具体的实施计划等方面去评估。如当 A 同学在教室被 B 同学羞辱,A 同学的好朋友 C 同学计划等 B 同学放学时纠集一些社会青年揍他一顿,这种情况下,攻击性行为发生的可能性就很大。

(二) 具体技术

1. 基础是获得信任。沟通和建立良好关系是危机干预时的基本技术,获得信任是前提条件。在危机干预时，由于情况紧急，沟通要尽可能消除内外部的各种干扰，以免影响双方诚恳的沟通和表达。建立信任的关系，就要尽量避免矛盾的信息呈现，比如，说我们都很关心你，但表达的肢体语言并不是这样。在危机干预时，由于当事人的思维会缺少一些逻辑性，不可能太理性，要多用通俗易懂的语言交谈，不要做过多的保证，以免做不到带来更大的心理伤害。

2. 关键是稳定情绪。在危机发生时，情绪化是当事人的典型特征，因此稳定情绪是关键，这是给当事人重要的心理支持。当然，这种心理支持主要是精神支持，而不是支持当事人的错误观点、错误行为。要尽可能使用一些稳定情绪的方法，如不要激怒对方，使之情绪稳定。

3. 重点是保证安全。稳定情绪后，重点是保证当事人安全，帮助当事人走出困境，渡过危机。在这里，帮助当事人渡过危机，不只是为他提供外在客观的支持，重点是挖掘其内在的力量，把重点放在主观支持和支持的利用度上。要使当事人明确存在的困难与问题，思考各种可能的解决问题的方法，帮助他罗列并澄清各种方法的利弊及可能性，选择最可取的方法，计划具体的完成步骤或方案，付诸实践，反思评价问题解决的结果等。

4. 策略是分步实施。可采用六步法实施危机干预，给予当事人心理支持，帮助当事人渡过危机。第一，确定问题：从当事人的角度，确定和理解他本人所认识到的问题。第二，保证当事人安全：保证当事人对自己和他人的生理和心理危险性降低到最小可能性，是危机干预的首要目标。第三，提供支持：强调与当事人沟通与交流，让他知道并相信自己是能够给予他关心和帮助的人。第四，提出可变通的应对方式：帮助当事人认识到不必绝望，不只有他自己选择的出路，其实还有许多可供变通的应对方式可以帮他渡过危机，如环境支持，看看有哪些人现在或过去能关心你；应对机制，你有哪些行为或可用资源帮助自己渡过危机；积极思维，用来改变自己对问题的看法从而减轻应激与焦虑水平。第五，制订计划：将变通的应对方式以可行性的时间表和行动步骤列出来（当事人参与制订或当事人自主制订），当事人可以完成或可以接受的。第六，得到承诺：帮助当事人向他自己承诺采取确定的、积极的行动步骤。

(三) 注意事项

以发现学生的自杀行为为例，心理老师要注意危机干预时重点要放在让当事人放弃自杀的观念，而不是对自杀原因的反复评价和解释。在发生前就要做好预防工作,要识别最具危险性的学生,特别是有类似经历的学生;在家庭、社区密切监视自杀者,保证当事人安全;要鼓励学生寻求帮助,在周围有人处于危险时,告知学生不要"保密"。如果万一危机发生,要避免美化自杀行为,将媒体报道减至最少。

笔者曾经处理过一个案例:小丽(化名),一周前去医院心理科看病,医生诊断为重度抑郁合并焦虑,医生建议服药。服药四天后,小丽觉得药物有副作用,小丽父亲也反对服药,自行停药。心理医生曾建议她在服药期间同时接受心理咨询,小丽也有改变意愿,因此前来咨询。她有多次自伤行为,如用尖锐东西划手臂,偶有自杀意愿,但理性认为自杀不可取,对不起家人。心理咨询师在小丽来咨询的当天就向学校德育主任汇报,接着汇报给了校长和学校危机干预领导小组。然后,学校启动了危机干预程序,约请班主任、学生父母前来学校商议策略。学校心理咨询师共咨询四次。在多方配合下,小丽后来状态慢慢改善,正常上学。在处理这个危机个案时,一是严格遵守专业伦理,突破"保密"限制,启动学校危机干预程序以保证当事人生命安全;二是以稳定当事人情绪作为关键,由于当事人对咨询师的信任,咨询师的认知辅导和家人、同学的心理支持,在医生的精准治疗下,当事人逐渐走出了危机。

三、 学校三级预防干预体系

一般而言,对危机事件的干预应该是团队的工作。团队应该包括学校心理咨询师及其督导、学校领导与职能部门的领导、医生、保安人员等,他们有各自明确的责任分工。为保证学生的生命与心理安全,学校要建立心理危机防范、预警、处置、干预制度。学校要成立心理危机干预领导小组,负责学生危机处理事宜;建立并完善各类心理危机事件预警、处置预案和干预制度;有应对心理危机的师生培训与演练方案。各校最好能健全学生心理健康三级预防网络,建立与省(市)、区(县)心理健康教育中心、校内外医疗机构紧密关联的心理危机预防、干预和转介机制。

建立心理危机三级预防是非常重要和必要的。一级预防在班级,同伴辅导员、班主任、任课教师是主体,学生同伴辅导员、班主任、任课教师是离学生最近、最了解学生情况、能最快发现班级学生的心理问题、能最及时给予学生心理支持的人;二级预防在年级组、政教处、心理辅导室,他们要掌握各自职责范围内具有心理高危学生的整体状况,一旦发现问题学生要及时调动各种力量给予心理支持和保护;三级预防在学校心理危机干预领导小组,学校心理辅导教师对有心理危机的学生给予专业的心理干预。经诊断确有严重心理危机的学生要及时向学校心理危机干预领导小组报告,并向专业心理辅导机构和医疗机构转介。

学校心理危机干预领导小组原则上每月应召开一次工作会议。小组成员应该包括校长、分管校长、政教主任、年级组长、心理专职教师、班主任代表、健康教育教师等人,工作会议时要做好会议记录,任何人不得无故迟到或缺席心理危机干预领导小组工作会议,有特殊情况事先向相关负责人请假并事后主动了解会议精神。对于突发事件,要及时召开紧急会议,启动心理危机干预预案。

笔者曾经处理过一个危机案例,就是通过学校三级预防体系干预的:小旭(化名)由班主任陪同来心理咨询。小旭周日在家中服安眠药、杀虫水试图自杀,在自杀过程中,打电话给要好同学,同学打电话告诉了其父母,父母赶回家中,送往医院。据了解小旭曾经在家中有试图跳楼行为,被母亲阻止,小旭到过医院心理科,医生诊断他为神经性厌食,服药近一个月。接待来访者之后,我约请他父母前来心理咨询室,我进一步了解了该来访者情况,告知家长孩子具有高自杀风险,强烈建议父母带其再次看心理医生。我于当天就把情况向学校德育主任汇报,并报告给了学校心理危机干预领导小组。小旭父母带小旭看过心理医生后,医生建议他休学治疗,于是小旭父母至学校办理了相关手续。休学后,小旭情况基本平稳,一年后复学,但仍需重点关注。该案例按照危机防范、预警、处置、干预制度规范操作,有班级同学和班主任的一级预防,也有学校政教主任和心理老师的二级预防,也通过学校心理危机干预领导小组进行了三级预防。在同学、班主任、家长、心理老师、政教主任、学校领导以及医教结合等多方努力下,终于化解了危机,保证了学生的生命安全。

第二节 灾难辅导中的心理支持

灾难发生时,影响的不只是个人心理危机,可能会导致大众心理恐慌。灾难的突然发生,过程的非预期以及结果的影响面广都与危机干预不一样,灾难的这些特征致使它更容易带来公众恐慌,灾难辅导与个人危机干预是不同的。灾难中人们更需要获得心理慰藉,更需要人的相互支撑,在这个意义上说,心理支持对灾难辅导甚至比对危机干预还更重要。

一、 主要问题

灾难期间易产生一些常见的心理问题,如负面情绪、应激障碍、适应性问题等。以 2020 年出现的新型肺炎导致的心理问题为例,主要有:焦虑、抑郁、疑病、强迫等神经症,适应障碍,睡眠障碍,抱怨等负面情绪,居家期间的人际冲突等问题。其主要表现有:有的低热病人不敢去医院,担心被感染,听到媒体诸多报道就怀疑自己得病;有的怀疑自己患了"肺炎",反复要求医生尽快确诊与治疗;有的听说封城了,心神不安,坐卧不宁,心跳加速,手心冒汗,脾气暴躁;有的难以入睡,很早醒来甚至半夜惊醒,睡眠时间缩短;有的反复洗手,出现强迫思维,痛苦不堪;有的感到悲观,精神不振,心情不快,甚至觉得生活没意思。

产生这些现象的主要原因是不确定性以及缺乏安全感。隔离期的不确定,开学、复工复产时间的不确定,生活来源和工作收入受到影响带来的不确定,甚至无孔不入的病毒可能给身体带来的不确定等都容易带来焦虑与恐惧情绪。居家隔离期间,漫无目的的生活,打乱节奏的起居,盲目的应付以及对未来的担忧与恐惧,都需要目标和信念的重建。安全感缺乏是神经症的共同内因,人天生都会缺少安全感,这是为了保护我们自身的需要。如果极度缺乏安全感,经常体验到威胁与失控的状态,处处感到神经紧绷、防范失控就会引发焦虑、抑郁等神经症。其实,偶尔的失控感和不确定感也是有积极意义的,焦虑、恐惧能对感知到的危险作出正确的反应,有研究表明:"与那些心情愉快的人相比,情绪低落的人不易冲动,也不容易轻信流言。"①但过度恐惧会导致心理危机,对人的身心健康是不利的。避免"过度"的焦虑和恐惧,可以尝试建立"相对"安全感,在内心给恐惧建立边界,增强内在的确定感。安全感不只是外部世界的安全本身,而是人内心的相对安全感,灾难更加容易引发人内在的不安全感,再加上外在不确定性的叠加,于是灾难来临时更容易导致心理危机。

二、 工作理念

灾难是自然的或人为的严重损害带来对生命的重大伤害,如地质灾难、气象

---

① 李艳杰. 情绪结构与功能的理论研究[D]. 信阳师范学院,2011.

灾难、生物灾难、社会灾难、疫情等。当代社会具有极大的不确定性,自然与人类概莫如此。然而,人们往往做一件事都会有一个相对清晰的目标,也就是说有一个心理预期,这个预期是确定的。如果达不成此目标,人们会产生焦虑、生气、愤怒、恐慌等负面情绪,因此不建议长时间地阅读大量不确定性的信息,灾难辅导要特别注意负面情绪的影响。

灾难刚发生时往往是谣言满天飞的时候,一是由于人们的恐惧情绪所致,是情绪产生了对认识的影响;二是由于人们对于灾难的知识局限,不知道正确的知识是怎样的,但网络传播迅速、不加筛选,谣言就满天飞了。有学者认为,"灾难发生前,民众往往在当前新闻报道的基础上,结合以往经验对未来趋势做出预判,但由于缺乏科学依据和有效分析,很大一部分演变成谣言。这类谣言会直接干扰处于该生活圈的人群,造成一定社会恐慌,影响社会稳定。"[1]因此,灾难辅导要特别加强社会心理体系建设,注重心理疏导与人文关怀,此时的心理知识普及与心理宣传也很重要,这些都是心理支持的重要方面。

灾难发生的后期要特别注意心理应激问题。灾难之下不同人群的心理应激的程度不同,对于不同程度的心理应激要有相应的心理支持方法。在这个时期,针对不同分类人群,要分析他们不同的心理和行为反应,要研究不同的心理支持路径,以帮助他们获得专业的心理援助。公众心理从最初恐慌期、相对平稳期到恢复重建的灾难后期,要预防创伤应激的发生。一般而言,在灾难发生的后期,心理支持与干预显得特别重要。

三、 工作原则

(一) 将心理援助纳入灾难防控的整体部署,以减轻灾难导致的心理伤害,促进社会的和谐稳定

学校是社会的一部分,当灾难发生时,学校也不可避免。1. 建立工作机制。学校要建立一个覆盖全体师生、家长的心理防护网络,由学校专门的灾难防控领导小组或学校已有的危机干预领导小组统一指挥,各部门分工负责,区校之间协同联动的工作机制。2. 心理疏导与人文关怀并重。形成危机预防、预警、干预、预后的工作网络,发挥心理教师的专业作用,加强心理疏导与人文关怀的统一。

---

[1] 马雪健,唐小涛. 突发灾难事件中谣言的特征及破解之道[J]. 新闻战线,2017(14): 22—23.

在灾难发生时,除了要重点关注心理辅导外,还要做好人文关怀工作。灾难很容易破坏人的心态,摧毁人的意志,要营造一种互相问候、相互关怀的氛围,让全体师生感受到心理支持的积极力量。3.正面宣传引导。灾难与一般的危机发生不同,要注意舆情引导,让全体师生正确对待灾难。由于灾难容易引发恐慌情绪,这时需要学校进行正面宣传,避免以讹传讹,还要教育师生不信谣,不传谣。

（二）针对不同人群分类施策,严格遵守专业伦理,保护受助者的个人隐私

灾难虽然是面向全社会的,对于灾难发生地和非发生地产生的影响是不同的,有的是直接的影响,有些是间接的。如 2020 年 1 月开始的新型冠状病毒感染的肺炎疫情对于湖北省,特别是武汉市的影响和对其他省市的影响就存在明显差异。2020 年 3 月后期,新型冠状病毒感染的肺炎疫情在国内持续向好但国外越来越严重,对于国人心理的影响都是不一样的。由于灾难对不同人群会产生不同心理影响,因此对不同人群的分类施策显得非常重要。例如 2020 年,国家卫健委发布《关于印发新型冠状病毒感染的肺炎疫情紧急心理危机干预指导原则的通知》就明确对六大类人群提供心理援助服务,即确诊患者,疑似患者,医务及相关人员,与患者密切接触者(家属、同事、朋友等),不愿公开就医的人群和易感人群及大众。同时将新型冠状病毒感染的肺炎疫情影响人群分为四级,即第一级人群:确诊患者、一线医护人员、疾控人员和管理人员等。第二级人群:居家隔离的轻症患者(密切接触者、疑似患者),到医院就诊的发热患者。第三级人群:与第一级、第二级人群有关的家属、同事、朋友,参加疫情应对的后方救援者。第四级人群:疫区相关人群、易感人群、普通公众。干预重点从第一级人群开始,逐步扩展。宣传教育覆盖到四级人群。对于学校而言,要评估全体师生的心理健康状况,分级分类实施干预。区分高危人群和普通人群,对高危人群开展心理危机干预,对普通人群开展心理健康教育。由于灾难对于人群的影响不同,心理支持也就有所不同,对于严重者要进行心理危机干预,要保护受助者的个人隐私,严格遵守专业伦理。对于一般大众,也要遵守辅导与教育伦理。

（三）依据灾难发生、发展与结束的进程,分阶段有针对性地开展心理援助工作

灾难有一个发生、发展、消退的过程,在灾难的不同时期,对人的心理影响不一,工作重点也是不一样的。国外经验告诉我们,一旦发生灾难事件,最好第一时间就进行干预。到灾难后期,公众的心理应激逐渐从警戒期、对抗期过渡到衰退期,适当的应激反应是必要的,但过早、过长、过强或过弱的应激反应都是不利的。如果衰退阶段应对得好,则应激反应会解除;如果应对不好,则可能出现心理资源枯竭。还有,灾难对每一个个体也存在差异,大多数人在事件发生当中或事件刚刚发生之后就需要心理援助,有的可能要在几天或几周之后,甚至在事件发生的很长一段时间后还可能需要心理支持。学生是灾难事件中产生心理应激反应的易感人群,当经历灾难事件时,有的学生会马上有应激反应,有的孩子可能会在很长时间之后才会表现出来,这与他们的年龄、以往的经验和应对压力方式有关。对学校而言,要根据灾难防控工作的推进情况以及灾难的发展进程,及时调整心理危机干预的工作重点,积极预防、减缓和尽量控制灾难的心理社会影响。

四、 心理支持方式

灾难辅导中的心理支持非常重要。当灾难来临时,不只是为个体提供专业的心理咨询与治疗,也需要给一群人提供心理支持。即便是实施危机干预,不仅需要专业视角,也需要管理视角,需要众多部门的通力合作,才能化解危机。灾难辅导中的心理支持是多元的,支持者可以是心理咨询师、社工、志愿者、家属、医生等,也可以没有专门的地点、固定的时间等心理咨询的设置。在灾难中,即刻、就近、简洁等是非常重要的,一个有爱心,能带给人温暖的"非专业人士"提供的心理支持效果甚至可能好于一个专业的心理咨询师。

灾难辅导是一场心理急救,是短期的社会心理支持,是应急的心理援助。它不同于正常的心理咨询,其目的是减轻受影响人群的应激反应,减少混乱、减轻症状、稳定情绪、培育希望、恢复社会心理功能。一是灾难辅导是融专业视角和管理思路于一体的干预系统。灾难防控的应急处理系统中应包含心理援助,设立专门的心理援助部门来负责心理干预措施的制定和落实是完全必要的。该部门还需要深入地了解个体和群体的心理反应,并向上级部门提交分析报告和建议,向公众提出预警报告。二是灾难辅导的技术与正常的心理咨询有所差异,不只是心理咨询技术重要,沟通交流技术、支持性心理治疗技术、心理健康教育技术、现场控制技术、心理健康管理技术都很重要。在心理支持中要发挥倾听、共情、支持及人际连接功能,协助放松,注意疏导,避免过度干预。在灾难辅导中,开设心理危机干预热线和组建心理援救队伍都是需要的。

（一）心理危机干预热线

心理危机干预热线是为急需心理支持的来访者提供即时帮助,适合于急需情绪疏导和心理支持的人群。它不仅能提供情绪疏导与心理支持,也需要筛查并做出必要转介。有研究认为,在疫情期间,"鼓励有心理问题和心理服务需求的民众积极使用心理热线、网络问诊进行在线咨询和问诊,不仅可以减少民众往返医院的交通和时间成本,方便了来访者,让其足不出户就可以享受优质便捷的咨询服务,更重要的是减少了民众出行使用公共交通工具和去医院就诊时的交叉感染风险。"[①]心理危机干预热线在为民众提供心理支持中起到了很重要的作用。心理危机干预热线不同于日常的心理咨询热线,在灾难辅导中更是承担了不可替代的角色。2020 年印发的《关于印发新型冠状病毒感染的肺炎疫情紧急心理危机干预指导原则的通知》中就明确提出"充分发挥'健康中国'、'12320'、省级健康平台、现有心理危机干预热线和多种线上通讯手段的作用,统筹组织心理工作者轮值,提供 7 * 24 小时在线服务,及时为第三级、第四级人群提供实时心理支持,并对第一、二级人群提供补充的心理援助服务。"可见,心理热线对于普通大众有心理支持价值,对重点人群的干预有补充的作用。心理危机干预热线具有安全、方便、快捷、匿名的特点,心理热线队伍要以接受过心理热线培训的心理健康工作者和有突发公共事件心理危机干预经验的志愿者为主,在工作时要注意以下几点:

在最初晤谈时,要用规范性言语问候来访者,介绍心理热线的设置,告知保密和知情同意等伦理规范,建立良好信任关系。了解来访者的身份信息,了解他的主要困扰与期待要求,清楚对方为什么求助,初步判断来话者是否适合热线咨询。尽可能从对方的意识、感知觉、思维、情感、行为等多维度初步评估来电者的心理和精神状态,并了解他可用的社会支持资源。心理热线电话单次服务时长不超 30 分钟,网络不超 50 分钟,要快速聚焦,提出明确的指导建议。电话服务次数为一次,网络也不宜过多,原则上一次,最多不超过三次。没有解决的问题建议对方寻求心理咨询或心理治疗。

心理危机干预热线不仅包含电话咨询,也适用于通过微信或 QQ 语音等网络方式进行沟通。要加强心理危机干预热线的管理,使用规范的热线服务流程,

---

① 李杨,吴俊林,黄明金,黄国平.新型冠状病毒肺炎疫情心理危机干预重点及工作方式的转变[J].四川精神卫生,2020,33(01):1—4.

遵循心理热线服务伦理原则。除此之外，出于管理的需要，还要定时分析来电咨询的信息，掌握公众关注的热点，发现突出问题或可能发生应激事件时，要及时报告给主管部门。心理危机干预热线要以规范为前提，以科学为基础，以伦理为准绳，将心理危机干预服务于救灾心理援助工作，疏解大众情绪，提供心理支持。

（二）心理援救队伍

心理援救队伍是指深入现场提供心理急救的人员。根据环球项目（Sphere，2011）和机构间常设委员会（IASC，2007）的定义，心理急救（简称 PFA）是指对遭受创伤而需要支援的人提供人道性质的支持。在灾难救援中，主要包括倾诉但不强迫交谈，评估需求，安慰受助者使之情绪平复，提供实际需要的关怀和帮助，保护受助者免受进一步的伤害等。

心理援救队伍的工作与心理咨询或心理治疗是不同的，他们工作的目的是帮助求助者获得安全感，重拾与他人的关系，使之心情平静和充满希望。心理援救队伍不只是心理专业人员，也不仅是提供专业心理咨询。心理援救人员在提供心理援助时，不需要对灾难事件做过于详细的讨论，也不必分析他们所经历的灾难事件，不强迫他们谈感受和对事件的反应。要注意的是并不是每个遭受灾难的人都需要和愿意接受心理急救，不要强行帮助那些不愿意接受帮助的人，应为需要帮助的人提供服务，包括学生、教师和家长。

第三节 心理支持中的咨询伦理

心理咨询要遵守善行、责任、诚信、公正、尊重五大伦理原则，以避免伤害和维护来访者最大福祉为基本出发点。当然，危机干预和灾难辅导也要遵守这些原则，但危机干预和灾难辅导的咨询伦理与常规的心理咨询伦理还是有所不同的。以心理支持为指向的咨询要遵守以下几点伦理要求。

一、专业胜任力

心理援助人员不能做超出个人专业胜任力的工作。要认识到电话咨询和现场援助都比一般面询难度大，电话咨询很难完全了解来电者的真实情况，在危机和灾难情境下的挑战性更大，需要心理援助人员心态良好，有熟练的危机处理、情绪管理经验,还要有压力应对和问题解决能力。

二、 专业关系

心理援助人员要与受助者建立良好的专业关系,尊重对方个人的、地域的与文化的价值观,不能将自己价值观强加给对方。心理援助人员也要与受助者保持着一定的界限,援助结束后不能将对方变成自己的来访者,没有特殊情况也不得在社交平台上与受助者进行私人交流。一般而言,在心理援助时,不给受助者贴问题标签,不强化疾病观念。提供心理支持,主要是以语言暗示、认知疏导、情感劝慰、行为指导、精神鼓励乃至具体保证等为手段,帮助当事人渡过危机,当事人确有需要时才提供转介专业资源。心理援助建立的是短期关系,无伤害是非常重要的伦理原则,因此在提供心理支持时不鼓励受助者暴露创伤,也不与受助者探讨价值观和意识形态方面的问题。

三、 知情同意

有学者认为:"当事人有五大权利:自主权、受益权、免受伤害权、公平待遇权、要求忠诚权。当事人的这五大权利也就是专业伦理考虑的五大基本原则。自由是人的基本权利,人有天赋的自由决定权。因此,接受或拒绝咨询由当事人自己来决定。"[1]知情同意就是受助者理解心理援助并同意接受援助,它是基于尊重受助者自主决定权的。即便是心理援助,也要征得受助者同意,不可强求。当然,在灾难与危机的现场,或者心理危机干预热线可以口头知情同意,未必要签署书面知情同意书。

四、 保密与隐私权

心理援助工作需要尊重受助者的隐私权,说明保密原则与保密例外。如果是心理危机干预热线,需要告知来电者通话内容是保密的,但仍然存在传递过程中信息泄露的可能。一般情况不录音,只做简单的工作记录并快速处置,如果需要录音必须得到来电者的同意。心理援助工作要兼顾个人和公众的利益,因此有时需要突破保密的限制,如 2020 年新型冠状病毒感染的肺炎疫情紧急心理危

---

① 牛格正,王智弘. 助人专业伦理[M]. 台北:心灵工坊文化事业股份有限公司,2008:70—71.

机干预中,由于涉及传染疾病,为了保护公众的利益,是不可能为个人保密的。如果发现受助者出现发热等疑似症状,应鼓励就医,并讨论或提供一些防护措施。同样,在受助者涉及自我伤害、伤害他人或法定的需要通报时,应进行危险性评估,突破保密限制并妥善处理。

五、 专业职责

心理援助工作者未必都是心理咨询师,心理援助工作有独特的专业职责要求,要为受助者提供力所能及的心理支持。心理援助工作者在自己擅长领域之外提供紧急服务时,应尽可能谨慎保守,当紧急情况一结束就要立刻终止援助。心理援助工作者承担专业的社会责任是基本的伦理要求,但要具备自我觉察能力,心理援助工作很容易精力疲惫,甚至产生职业倦怠,要注意劳逸结合和自身情绪调整。当身边熟悉的人在灾难中突然意外去世,或自身有较大的情绪反应时都需要暂停救援工作。非典爆发、汶川地震、新冠肺炎等心理援助的经验都告诉我们,心理援助工作者的专业职责和自我保健都是心理援助工作中非常重要的方面。